JN079850

ガバナンスと評価 ⑫

協働型評価とNPO

—— 「政策 21」の軌跡 ——

山谷 清志／岩渕 公二 編著

晃洋書房

は じ め に

「地方の時代」といわれはじめてから，半世紀が過ぎた．この間，時代により背景と内容は異なるものの，国と自治体，中央と地方の関係に変革を求める主張や運動が繰り返されてきた．2014年からはじまった「地方創生」も，地方の独自施策にフォーカスした取り組みといえるが，財源となる交付金の採否は国が握っており，地方が自律的に取り組める仕組みとはなっていない．

　一方，地方の現実に目を向けると，地域密着といいながらも，情報や人材を中央に頼り，足元のリソースを活用できていない実態もある．地方にはシンクタンクやコンサルタントが相対的に少ないこともあるが，中央のそれに比べ保有している情報量や経験知の蓄積に違いがあったことも一因かもしれない．

　政策21の20年間の活動は，そうした中央と地方との関係性や地方の現実を内発型の活動により突破しようという志によって支えられてきた．本書は，そうした政策21の設立から現在までの経緯と活動を振り返り，これまではたしてきた役割と課題を探る．

　第1章では，政策21が誕生した政策評価導入前後の地域社会で生まれた熱い思い，新しいチャレンジ，その思いやチャレンジが期待どおりに進まなかった原因を探る．政策21の歴史は，日本における政策評価の歴史と重なる．政策評価本来の役割を発揮できないまま過ぎた20年を振り返り，その背景を紐解くとともに，新型コロナ禍を経験して出はじめている次への兆しを読み解き，地域シンクタンクとしての NPO の意義を再考する．

　第2章では，政策21が岩手県で誕生した背景とその後20年間の活動の概要を報告する．政策21設立の前年，岩手県では県立大学に社会人を対象とした大学院が開学し，多様な人材が集い，政策評価の研究室でも市議会議員や県職員，市民団体役員らが研究をはじめた．また，当時は県内に改革志向の首長が多く，首長の意向を受けた行政職員も改革に積極的な姿勢を示していた．理論研究の場と人材輩出の機能，政治・行政からの要請が揃ったことが，その後の展開へとつながっている．

　第3章では，政策21の活動でもっとも特徴的な外部評価（第三者評価）の発端となった岩手県における補助事業の外部評価と，知事のローカル・マニフェストの評価をめざした活動の事例を報告する．県の出先機関による外部評価のパイロット事業が，その後全庁的な取り組みに発展し，それらの実績により知事のローカル・マニフェストの評価へと展開した．そして，その延長線上に「県民協働型評価」が生まれ，岩手県において「協働型評価」が定着していく．

　第4章では，知事のローカル・マニフェストの評価をめざした「県民参加型外部評価システム構築事業」から発展的にはじまった「県民協働型評価」について報告する．「県民協働型評価」は事業開始から東日本大震災による休止期間をはさみ12年間継続された事業で，制度化に至る背景や概要を述べるとともに，実践例から得られた課題を整理し，地方自治体と住民が参加型評価に取り組む際の知見を提示する．

　第5章では，政策21が実際に取り組んだ「県民協働型評価」の実践の中から，今後の協働型評価のありかたを構想するに当たり，注視すべき示唆を含んだ2つの事例を報告する．1つは，行政機関の内部評価がシート記入方式の事務処理作業になってしまい事業の改廃・改善に結びついていなかった反省を踏まえ，科学的視点によって政策の目的と手段の因果関係を把握しようとする評価活動の実践モデルを自治体の評価担当者に示す自治体政策評価のオルタナティブを志向した事例である．もう1つは，評価者と被評価者の関係性や評価結果に対する納得感に課題を残した事例である．

　第6章では，政策21が制度設計から関わり，制度の見直しと修正，最終的には評価者として継続的に第三者評価を担当した岩手県盛岡市の「指定管理者制度導入施設の管理運営に関する第三者評価」を報告する．この事例では，評価活動を通じて指定管理者や担当課に管理運営上の気づきを促すきっかけとなり，双方のコミュニケーションの円滑化の一助となった一方，評価に関わるスタッフの専門性の確保や，評価結果の活用促進，評価コストの適正化といった課題も明らかとなっている．

　第7章では，協働事業の評価を「協働型評価」で実施した岩手県北上市の事例を報告する．北上市では，2006年3月に「北上市まちづくり協働推進条例」を制定し，2010年度に住民参加型で『北上市総合計画』（計画期間：2011年度から

2020年度）を策定するなど，「協働のまちづくり」に取り組んできた．しかし，協働事業も開始から10年を経過し，さまざまな課題が見られるようになっていた．そこで，政策21に評価スキームの提案を依頼し，第三者評価を実施したのである．その中から浮かび上がってきた協働事業の成果と課題，および第三者評価の効果と課題を提示する．

　第8章では，本書の表題にも掲げた「協働型評価」についての理論整理を行い，日本における「協働型評価」の概念を追求する．「協働型評価」を英語で表現すると「collaborative evaluation」であるが，これは評価学の専門用語であり，日本の文脈でいうところの「協働型評価」との間に語感のズレが生まれている．そこで，「協働型評価」についてあらためて捉え直し，「協働型評価」のこれまでの展開を踏まえ，その意義に迫る．

　地域での活躍をめざす人びとが，今後の研究と実践の参考に本書を活用していただければ幸いである．

　2022年初夏の盛岡で

岩 渕 公 二

目　次

第 1 章 政策評価と NPO

——地域社会のシンクタンク——

　政策評価は，21世紀を目前にした日本がこの国のかたちを「反省」する時代精神の象徴だった．政策の失敗を考え，その原因をみんなで考える必要を感じたのが20世紀末だったからである．

　20世紀は失敗政策が多かった．思い込み，惰性，アナクロニズム，私的な思惑で作られた政策が，市民に説明しないまま突然実施され，しかしその結果は誰が見ても失敗しており，それでも議論にならないまま忘れ去られた．説明されていないので一般市民は無関心，報道されても「ひとごと」である．ここに，似たような失敗政策が再び登場する．政策評価は，こうした20世紀日本に潜む宿痾を治すだろうと期待された．

　しかし，政策評価は2001年に導入されてからすぐに，この期待とは違う方向に進んだ．政策評価制度を内部管理の手続きにした中央府省，事後の政策評価を予想予測の事前評価ツールに変えたコンサルタント，効率だけを安易に報道したジャーナリズム，小さな無駄に拘泥して大きな誤謬が見えない一般市民，政策評価の存在すら知らない有権者（とくに18歳），政策評価を前提にしない選挙，政策評価情報を活用しない議員たちなど，政策評価はその本来の役割を発揮できないまま20年が過ぎた．

　導入までの熱意を思い出せば，政策評価にはもっと多様な展開があってよかったはずだが，残念ながらそうならなかった．その反省を込めて，第 1 章では政策評価導入前後に地域社会で生まれた熱い思い，新しいチャレンジ，その思いやチャレンジが期待どおりに進まなかった原因を探る．もちろん，その中でも「政策21」は活躍し続けたが，その実態については，本書の各章で明らかにする．

╼ 1．なぜ「NPO」だったのか

「政策21」は21世紀を迎えた2001年に設立された，政策評価の普及をめざすシンクタンク機能をめざす NPO（Non-Profit Organization）である．そのミッションは定款に明示している．

> 「この法人は，政策評価の研究と実践，各種研究会やセミナーの開催を通じて政策評価制度の普及をはかり，政策の実務者だけでなく，市民の政策型思考と市民の代表である議会の政策立案能力を高めるとともに，積極的に政策提言を行うことによって，広く公益に寄与しようとするものである」（定款第3条）．

このミッションを達成するため，政策21は7つの仕事に取り組んできた．すなわち，① 政策の立案・実施・評価等に関する提言，② 政策の立案・実施・評価等に関する研修会・セミナーの開催，③ 政策の立案・実施・評価等に関する情報の収集及び提供，④ 政策の立案・実施・評価等に関する意見交換の場の提供，⑤ 政策の立案・実施・評価等に関する必要な史料の編纂及び刊行，⑥ 政策の立案・実施・評価等に関する研修会等への講師派遣，⑦ 国・地方自治体等から委託を受けて行う政策評価の実施及び調査研究（以上定款第5条）である．

私たちが政策21を設立した背景には，当時の社会の大きな動きがあった．1993年の衆参両院における超党派の地方分権の推進に関する決議，そして1995年の地方分権推進法に象徴される地方分権改革の高揚したムード，2001年の中央省庁改革の柱の1つであった政策評価への期待の高まり，さらに2000年前後の市民活動や地方自治体の政策を支えるシンクタンクの叢生である．

前者の2つ，すなわち1990年代半ばにはじまった地方分権運動と，この時期登場した三重県や岩手県をはじめとする「改革派首長」たちがはじめた政策評価は，多くの地方自治体に「政策主体」への脱皮を促していたと考えてよいだろう．地方分権とは国が握る「3ゲン」（権限，財源，人間）を地方自治体に譲ることだと言われていたが，地方自治体としてはこの3ゲンを使って政策をど

のように展開するのかが大事だと考えられ，多くの地方自治体で政策志向が高まった．中央省庁が作った政策の下請け機関に地方自治体が甘んじるのでは分権は進まず，自治体職員の思考停止が続くからである．また，仮に分権が進み，地方自治体が自ら政策を立案・実施することになっても，その政策の良し悪しを自己点検できなければ政策主体とは言えない．このように考える自治体首長たちが増え，市民もそれを当然だと思うムードがあって政策評価の必要性には誰も疑問を持たなかった．

　なお，中央省庁改革，いわゆる橋本行革の中でも政策評価が注目されて2001年から導入されたが，地方自治体の政策評価への注目とは直接関係がなかったことは経済産業省「政策評価研究会」(1998年3月〜1999年6月)，総務庁「政策評価の手法等に関する研究会」(1999年8月〜2000年2月) の中で確認できる．国は国で独自の政策評価をすすめていたのであり，国と地方の間には同一の政策評価制度を導入する意識は見られなかった．

　ところで，当時の地方自治体には政策評価を実行するノウハウがなかった．そこでまず総合計画の中に政策評価の仕組みを挿入しようと努力したが，総合計画は「抽象的な文言」と希望的な夢を語るPR文書なので政策文書とはいえず，総合計画の評価には無理があった．無理に悩む地方自治体の多くは，東京のコンサルタントに政策評価導入支援業務を依頼した．ここに大きなマーケットが誕生してコンサルタント業界には「政策評価フィーバー」が生じた．受託したコンサルタントは企業の経営改善コンサルタントとしての実績や経験を持ち，これが地方自治体の評価に大きな影響を及ぼす．政策評価本来のねらいが忘れられ経営改善にシフトし，また地方自治体の財政破綻が「夕張ショック」(2006〜2007年) によってリアルな現実になったことも影響し，政策評価ではなく経営やマネジメントが必要以上に強調された．公共的な行政管理を民間企業の経営管理に近づけようとする手段に評価が使われたのである．こうして純粋な意味での政策評価は，財政再建のための削減ツールである行政評価に取って代わられ，その多くの手立てを当時流行していたNPM (New Public Management：新公共経営) から取り入れた．

　今からふりかえると当時の地域社会では妙な流行があった．それは「効率」の流行だった．ここで言う「効率」とは，地方自治法 (1947年)，地方公務員法

(1950年)，国家公務員法（1947年）が民主主義と両立させると謳っている「能率」とは違う「効率」のことで，行政も企業経営と同じくコスト・マネジメントが重要だと主張した．この主張は，行政のスリム化・職員削減で地方自治体同士を競わせ，最後には自治省（総務省）の市町村合併で完成する．ここで評価とは，本来の意味とは違った意味になる．つまり評価（evaluation）が測定（measurement）になったのである．「効率化をすすめること」が「業績」と見なされ，この業績達成が「成果」になった．

政策評価制度の導入を支援する業務を受託したコンサルタントが海外調査に出向いた先でも，NPM型の経営改善タイプのパフォーマンス測定を行っていたため，それを見聞したコンサルタントは測定による成果確認がグローバルなトレンドだと地方自治体にアピールした．こうして効率化の実績を測定するスタイルが，行政評価を経営評価に接近させていく．行政の経営評価は自治体行政の効率化に主眼があり，組織経営管理・財務管理をめざしたために，社会問題解決に向けた政策の有効性や成果（outcome）を求める政策評価とは違うが［山谷 2006：163-65］，こうした違いはやがて無視される．コンサルタントが提案した仕組みを導入した地方自治体が増えたが，それは地方自治体自身にとって不幸な結果につながった．市町村合併や財政赤字削減手段に使われたからである．「政策評価とシンクタンク──不幸な出会い──」［山谷 2001］が予言したように，地方自治体の改革にとって政策評価は，地方分権時代の本来の意味では機能しなかった．

このような状況の下で，2001年，「政策21」と名付けたシンクタンク型 NPO を，岩手県において設立したのである．この点は重要なので，以下で経緯を説明しよう．

╋ 2．NPO 設立時の時代状況

（1）NPO のイメージ

ここではまず政策21が誕生した当時，NPO の役割についてわたしたちが交わした議論を振り返りたい．その議論とは「地域社会で，どんな役割を NPO が果たすのか」だったが，重視したポイントは 2 つある．1 つは東京中心の思

考から自由になること，他はフィールドや現場を過剰に重視しない政策思考である．「東京が政策を決め，それを地方は忠実に実施する」，このようなアナクロニズムを21世紀には正したいという願いを，「政策21」と言う名前に込めた．地方が政策を決め，その政策手段を中央から引き出すこともあって良いのではないか，これが政策21に込めた志（こころざし）である．

　「地域は多様だ」とは誰でも頭では理解しているが，東京の中央府省が地域の実態をイメージして政策を作っているかどうかは疑わしい．地方分権とは言うものの，分権の受け皿になるべき地方の多様性を理解して政策を議論しているかどうかもまた疑わしい．それは，阪神淡路大震災の時，現場の NPO の奮闘ですでに明らかだった．政治と行政には東京中心思考の癖があり，その癖抜きで NPO の役割を定義するのは難しい．

　ただし，地域社会で果たす NPO 活動の骨格については特定非営利活動促進法（1998年）の別表（第 2 条関係で①〜⑳）に明らかである．この別表で言えば，NPO はさまざまな政策分野での実践，業務に関わることになっていた．

① 保健，医療又は福祉の増進を図る活動
② 社会教育の推進を図る活動
③ まちづくりの推進を図る活動
④ 観光の振興を図る活動
⑤ 農山漁村又は中山間地域の振興を図る活動
⑥ 学術，文化，芸術又はスポーツの振興を図る活動
⑦ 環境の保全を図る活動
⑧ 災害救援活動
⑨ 地域安全活動
⑩ 人権の擁護又は平和の推進を図る活動
⑪ 国際協力の活動
⑫ 男女共同参画社会の形成の促進を図る活動
⑬ 子どもの健全育成を図る活動
⑭ 情報化社会の発展を図る活動
⑮ 科学技術の振興を図る活動

⑯ 経済活動の活性化を図る活動

⑰ 職業能力の開発又は雇用機会の拡充を支援する活動

⑱ 消費者の保護を図る活動

⑲ 前各号に掲げる活動を行う団体の運営又は活動に関する連絡，助言又は援助の活動

⑳ 前各号に掲げる活動に準ずる活動として都道府県又は指定都市の条例で定める活動

　他方，この①〜⑳にはないものがある．それは行政機関が行っている政策の企画立案と政策実施活動に直接関わることで，2001年当時そうした発想は少なかった．

　政策21は設立の際に行政支援を強く意識し，設立目的を政策評価の普及にしたところに特徴がある．もちろんこの活動はあえて取り上げれば⑥の学術関連と⑲の各種 NPO に対する評価知識の啓蒙であるが，具体的には政策評価の導入をめざす自治行政機関に対するノウハウ支援，アドバイスをする「家庭教師」の役割もあった．これは国際協力や政府開発援助の世界では，相手国公務員の政策能力，プロジェクトの計画立案・実施運営の能力（capacity）を構築（building）する活動であり，国際援助ではこの分野で NPO や NGO（Non-Governmental Organization）が活躍する場面が非常に多い．政策21はこれにならったのである．

　もちろん，行政支援は市町村だけでなく岩手県とその地域振興局，さらには県域を越えた地方（リージョナル）でのキャパシティ・ビルディングの展開も考えていた．理論の洗練については全国学会である日本評価学会にも参加し，学会での自己研鑽と会員同士の情報交換，スキルアップも行ってきた．

　行政支援を思いたった理由は，20世紀末に東北地方や中国地方の県庁，市町村の職員研修（政策形成や政策評価の研修）に携わった経験から，行政の現場では政策の形成や評価に使うスキルやこのスキルを使いこなすノウハウの需要が高いことに気づいたからである．

　地方自治体は総合計画・基本計画，地域振興関連計画，都市計画，下水や工業用水も含む都市再開発関連の諸計画，農地利用計画，土地改良関連計画など

が半ば義務づけられてきたが［今井 2021］，それに加えて計画を評価する議論も増えてきたのが1990年前後で，福祉関連分野ではまずゴールドプラン（高齢者保健福祉推進10ヵ年戦略，1989年）を厚生省・大蔵省・自治省が合意して策定，このプランの目標数値を達成する独自計画の作成を地方自治体は義務づけられた［畑本 2021：233］.

　中央府省が作った計画の地方版の策定を地方自治体に求める方針は，障害者基本計画（1993年），エンゼルプラン（「今後の子育て支援のための施策の基本的方向について」1994年），介護保険法（1997年）でも適用され，また各個別領域，たとえば児童福祉だけでも複数の計画策定が求められていた．もちろん，総合行政機関である地方自治体では他の多くの行政分野で計画策定が求められている．地方自治法関係の広域計画，河川管理事業計画，教育関連計画（教育振興計画）など，専門分野（政策の中身のプロフェッション）こそ違うものの，さまざまな分野で計画づくりが推奨されて，地方自治体の負担になっていた．もちろん，これらの計画には評価が求められていた．

　もともと，1950年の国土総合開発法を根拠にさまざまな地域振興計画が策定されたように，戦後の日本では法律を根拠に中央省庁が計画を策定していくスタイルが一方にあり，他方で田中角栄内閣の「日本列島改造論」や大平正芳内閣の「田園都市国家構想」のように政治リーダーが構想を打ち上げることも多くあり，それらの経験を反省して計画を政策的視点から組立てる動きが出た時期が1990年代であった．その背景には情報公開法と行政手続法を中心にした政策過程の可視化を求める社会の要請，コンピュータとインターネットの普及による政策情報基盤の整備，それを個人が利用できる体制を進める新しい動向があった．こうして1990年代以降とそれ以前とでは，全く違った公共部門の姿が浮かび上がったのである．それを「政策の時代」と呼んでも良いかもしれない．日本全国に政策系の学部・大学院が誕生したのはこうした社会状況を反映していたし，岩手県立大学の総合政策学部も1998年に設立され，その大学院修了生が政策21を立ち上げたのである．

　この政策の時代にはそれ以外にも複数の力が働いて，大きなパラダイム・シフトを公共部門にもたらした．すなわち，国際的な構造改革の流行，具体的には新自由主義的な政治理念が支えた「小さな政府」運動とその手段の「官から

民へ」「民営化」「規制緩和」の政治目標が背景にあり，この政治目標を達成するため「政策」概念が多用された．とくに地方自治の現場では，新自由主義的な政策手段であった「分権」（権限を現場に移して中央政府は身軽になる国家経営戦略）が改めて政策課題として浮上する一方で，伝統的な民主主義の文脈でも「参加と協働」「自立」が強調され，政策の企画立案段階から市民が加わるスタイルが全国で見られるようになった．「小さな政府」を背景にしたイデオロギーの「分権」と，伝統的な民主主義理論の「分権」とが，奇妙な形で共存し，その共存に評価が介在したのである．

　この大きな力とは別に，教育や福祉のサービスの現場では受益者のエンパワーメントの普及を進めたい専門家，アカウンタビリティの思考を定着させたい研究者など，さまざまな意向が複雑に絡み合い，混乱が出た．また，当時の地方では政策を，誰が，どのように評価するのかについては全く経験がなく，一部の理論だけが先走っていたに過ぎなかった．ここには戸惑いがあった．「NPO を設立し，この NPO を政策評価のシンクタンクにする」，突然の啓示のように思いついたのは，その戸惑いの中であった．

（2）シンクタンクへの道

　NPO を政策評価のシンクタンクにする思いつきは斬新だったが，具体的に何をするのかついては手探り状態にあった．政策評価は中央官庁で制度化されはじめたばかりであり，NPO は災害復旧支援や町づくり・村おこしのイメージだけが先行した．さらにシンクタンクが経営コンサルタントと同義だった当時，政策21は世間の常識とは違った方向に進んでいた．しかし，「NPO を政策評価のシンクタンクにする」というその思いつきが間違っていたわけではないことは，政策21の歴史で明らかである．ただし大きな難問があった．それはシンクタンクの性格を NPO に持たせることだった．

　欧米のシンクタンクを紹介する文献資料は多いが，このシンクタンクの考え方を日本社会に移植し，定着させるのは難しかったという歴史がある．1960年代から1970年前後，アメリカの PPBS（Planning, Programming, and Budgeting System）や MBO（Management by Objectives）を日本政府に導入する試みに，大手コンサルタントや「総合研究所」が活躍した経緯は歴史的に知られている．

行動科学，システム分析，社会工学，費用便益分析，プロジェクト・マネジメント，そして政策分析などがその遺産である．しかし，こうした遺産が官公庁，そして日本社会で巧く継承されず，またシンクタンクの人材を育てて活用するノウハウが普及しなかった課題が放置され，シンクタンクは欧米のような形で育たなかった．

　そもそもシンクタンクとは何か，こんにち定着している政策学の視点から2つ説明をしたい．

　1つは，その機能に着目するものである［Abelson 2018：22-25］．シンクタンクとは，ひと言で言えば学生がいない「大学」である．自主研究，調査・分析，教育・研修機能を持っているからである．一般には政府や地方自治体と契約でリサーチをする民間組織だが，求められれば政策を提言することもある．著名な大統領や国際的知名人にちなんで作られた政策研究機関（たとえばウッドロー・ウィルソン国際学術センター，カーター・センター）や財団が提供した基金で運営される組織（ブルッキングス研究所・フォード財団）が有名だが，その組織は一般に平和・貧困・外交・軍事などの政策争点に関して議論するために集った研究者やアナリストたちから構成される，「政策クラブ」である．その中で最近加わったのが，政策を提言するだけでなく，提言を具体的な活動に置き換え実践する 'think-and-do-tanks' 機能である［Abelson 2018：25］．ちなみに，政策21はこの 'think-and-do-tanks' に近い仕事をしている．

　2つめの説明は組織の特徴に注目した，非政府（non-governmental）で非営利（not for profit），政府・企業・利益集団から独立した自由なエキスパート集団だという説明である．このエキスパートとは政策エキスパート（policy expert）と呼ばれる人びとのことで［Smith 1991: xiii］，教授や准教授などのアカデミズムのキャリアを持った専門調査員，実践的な調査に習熟した政策エキスパート，特定の政策分野に習熟したスペシャリスト，さまざまな経路を通じて政府活動に知見を反映する行政スキル（administrative skills）を持つプロ集団である．したがって単なる頭脳集団だけではなく，実務能力を持つ集団でもある．

　この2つの説明と比べると，日本の省庁内の研究機関や経営コンサルタントをシンクタンクの範疇に含めようとするときの課題が見えてくる．すなわち，日本のシンクタンクには「政策エキスパート」と呼べる研究とその応用に特化

した専門研究職が乏しく，また官公庁から「自立しない」場面も多い．シンクタンクが日本で活躍する際の課題として，1990年代から既にこの自立性の課題は「独立性」問題として指摘されてきた［Urban Institute 1992：邦訳 46-47］．言い換えると，エキスパートが独自の研究を行い，その独自研究を財源とするシンクタンクが少ない一方で，シンクタンク型コンサルタントの多くは契約にもとづいて官庁の指示でリサーチを行い，リサーチの財源を官庁や企業に依存しているので「自立していない」．自立していないと言う理由は4つある．

　第1に，日本のコンサルタントの多くは，業務委託として官公庁から調査と報告の仕事を請け負うことが多い．この請負を財政基盤にするとどうしても仕事を受ける「業者」の意識になり，また官公庁側もそのような見方をする場面が増える．専門的助言をする顧問の意味だったコンサルタントを，官公庁が「コンサル」と呼ぶようになったとき，対官公庁との立場において「業者」になり，「業者」としての財政基盤の官公庁依存が研究員の身分を不安定にする．客観的なデータやエビデンスを集めて政策を立案する 'EBPM'（Evidence Based Policy Making）は重要だが，コンサルがどこまで客観性を貫くことができるのかについては，官庁や地方自治体の意向が強く出る地域開発，都市再開発，新幹線，スポーツ大会やイベントのリサーチでは難しいだろう．

　第2に，研究員の資質である．官公庁が期待する専門家のイメージは専門学会に所属して専門的な資質を研鑽する．この資質を踏まえて官公庁にアドバイスをすることである．したがってそのシンクタンクの研究員には一定の資格が大前提であることは間違いない．具体的に言えば最低でも修士以上の学位が必要である．専門学会の入会資格は修士以上であることも多く，またアカデミックで専門的な調査研究を行い，それを踏まえた報告書を執筆する能力を客観的に証明できるのは，最低でも修士である．一定の専門的なテーマを学術論文として学会査読をクリアできるレベルで，2万字から4万字の修士論文を執筆した経験，これがシンクタンク研究員の資格として求められるのである．なお，欧米のシンクタンクでは博士の学位を持つ大学教授を高給で雇用する場合があるが，日本では珍しい．

　ただし，シンクタンクとして官公庁の評価関連業務に関わるなら，学歴とアカデミズムの経歴だけでは不足で，政策現場の慣例や職務作法から得られる実

践知（政策文書・評価文書・予算書・行政事業レビューの財務関連シートの作成能力），そして体験を通じて得られる経験知が重要である［山谷 2018］．これが自立に関わる第3のポイントの実践知，経験知である．たとえば政策評価であれば，政策と評価に関する実践知，経験知を研究者の視点で整理し，市民の視点からアカウンタビリティを考え，この整理と考えから浮かび上がった評価実践の有効性を検討する作業が必要であり，このためには実務経験，実際に政策の評価に携わったことから得られる現場感覚が不可欠になってくる．そしてこの部分が，シンクタンクの自立にとって重要な課題になっている．というのも，実践知も経験知も，現場感覚もないと分かれば，業務を外注に出した官公庁側は「手取り足取り」指示や「箸の上げ下ろし」注文をはじめ，その指示や注文への対応が，本来の調査や評価業務を妨げる恐れが出てくる．そこで現れるのは，官公庁の下請けの姿である．

　最後の第4に，官公庁側の業務委託方法とタイミングの問題がある．複数官庁の発注が同時期（多くは年度末）に重複し，似たような業務が重ねて同時期に発注されてくるからである．官公庁の予算スケジュールの都合が優先されることが背景にあり，これは土木や建設の公共事業でも同じ問題が繰り返されてきた．発注に際して工夫をすることもあるが，発注元の官公庁の担当者は人事異動で交代するので，こうした工夫の重要性は理解しても，習熟して使いこなすまでには至らないことが多い．結果として，タイトなスケジュールの中で「言われただけの業務」をこなすので精一杯なコンサルタントになってしまう．

　他方，コンサルタント側から言えば，入札に参加する際に事前に情報収集しておく必要もあり，可能であれば違法でない形で官公庁の入札担当課員の業務習熟度を事前に察知する必要がある．習熟していない官公庁担当者の場合，年度末に煩雑な仕事を短期で公募に出し，スケジュールに無理があって入札不調になる恐れがある．業務内容（たとえば政策評価）を知らない担当者の場合，金額だけで入札者を決めてしまう恐れもある．その結果として地元のコンサル担当ではなく，東京に代表される大都市のコンサルタントの下請けや孫請け企業に良心的な地元コンサルタントは価格競争と納入期限で負けてしまう．そもそも，入札に参加しない．地元のコンサルタントがシンクタンクをめざして，自立しようとしてもうまくいかない事情には，こうした理由もある．

　これらの状況下で政策21がめざしたのは，上記4つの課題の克服であった．克服したかどうかについては，本書の各章を見ていただきたいが，20年間われわれの政策21が活躍を続けている事実が，間接の答えになるであろう．

　さて，以下ではこうした政策評価のシンクタンクをめざした政策21の理論的支柱について説明したい．すなわち，政策と評価の理論とその理解であるが，この説明は21世紀初頭の理解を振り返ってみる一種の「総括レビュー」になる．

┼ 3．政策評価実践に向けた準備

　20世紀末に岩手に住んでいたわたしたちは，公共部門全体における政策とその評価の基本をどのように理解していたのだろうか．また，この理解は後の政策評価実践の中で，いかに変化してきたのであろうか．いささか冗長になるが現在の政策評価の課題に向き合うために，以下では過去の歴史を振り返り，日本評価学会や日本公共政策学会の研究成果を踏まえて，政策と政策評価の理論を実践する活動の変遷をレビューしたい．おそらく「言うは易し，行うのは難し」の諺を思い出すはずである．

（1）「政策」を実践する難しさ

　政策とは英語で 'policy' のことだが，これには2つの意味がある．1つは将来の望ましい姿を構想した「行動指針」である．この指針には具体的に何をするのかの記述，確定したスケジュール，そして使用する資源（予算と人事）の裏付けが必要である．国の府省では大綱，基本計画，総合計画，行動計画と，その下位概念にあたる実施計画などが該当する．もう1つの意味は「対策」である．新型コロナ（COVID-19）禍や大雨災害被害に代表される目の前の大きな緊急課題への対策があり，また高齢化や少子化のように緩やかだが確実に進む課題への対策もある．非正規雇用問題やいじめ問題のように突発的に重篤化する課題に対応する対策のこともある．

　ところが，当時の地方自治体にとって政策の定義は難しかった．財源（予算）と権限（国の法制度の枠）が自由にならず，地方自治体が自由にフリーハンドで政策を企画立案するのは難しかったからである．定義が難しいこの政策を，岩

手県は「政策等の評価に関する条例」(2003年3月29日) 第2条で「特定の行政目的を実現するための行政活動の基本的な方針をいう」と定めている．また秋田県の「政策等の評価に関する条例」(2002年3月29日) 第2条2項は，「この条例において『政策』とは，実施機関が，その所掌事務の範囲内において，一定の行政目的を実現するために行う行政活動の基本的な方針をいう」と抽象的に表現した．

　これらの抽象的な文言の解釈は現場に任されたが，その現場には総務企画型の現場と作業活動型の現場の2種類があるため，また理解が難しい．政策についての解釈が全く違うからである．総務企画系部局は総合計画や基本計画を「施策」とイメージし，現場で作業を行う課室は日常的に担当する事務事業・業務活動を運用するプログラムと政策とを重ねたイメージを持っていた．とくに後者の作業現場課室 (たとえば福祉や教育の対人サービス) では中央府省からプログラムの評価が求められ，それもまた政策評価のイメージであったので県庁や市役所では混乱した．つまり，総務系の政策と，現場系の政策・プログラムは「同床異夢」になっていたのである．その中で，政策評価の研修で苦労しながら共通理解を求めた．それは政策体系・ポリシーシステムで，この概念によって総務系・現場系の政策評価を共通して実践する枠組みを考えた．ここで語っていたシステムと構造とは以下のとおりである (図1-1)．

　政府の進むべき方向を語るのが政策目的で，この目的をどこまで達成したいかを決めてその達成度を数値指標で表すと目標 (ゴール) になる．この政策目標を達成するために作られる政策手段が事業 (プロジェクト) であり，この目標→政策手段が体系的に整理されて政策システムになると考えていた．それが20世紀末，政策評価の前提になって普及していった．もちろん，このイメージはトップダウンの鳥瞰的な視点でシステムを考えることになる．

　ただし地方自治体で総合計画や基本計画の策定に携わる総務系の職員は少なく，多くの職員が関わるのは現場の事務事業，業務活動になる．現場の原課で実際に行われるのは，政策目標を達成する手段である事務事業の選定で，選択肢は① 分配 (インフラ整備) と再分配 (福祉や貧困対策)，② 規制および規制緩和，③ 広報・PR・奨励・教育・情報提供，④ 税制 (エコカー減税・住宅ローン減税・炭素税など)，⑤ 制度 (たとえば介護保険制度，選択的夫婦別姓制度，地方交付税制度，

保健師や看護師などの各種資格制度）などにあり（図1-2を参照），これらは政策手段，政策ツールと呼ばれる．ここで重要な概念はプログラムである．なぜなら政策が実施される社会状況，自然環境，経済や景気，国際情勢，政策対象（人と地域）を見て政策をデザインする活動は，プログラムを作成する活動そのものだからである．つまり，政策目標と政策手段のロジカルな組み合わせをデザインしたものがプログラムで，そのプログラムの出来・不出来，善し悪しが政策の成否を左右するのである（図1-3）．

　政策現場でプログラムを作成する担当者が考えるのは投入される資源，その資源を使って行う活動，活動が産出するアウトプット，このアウトプットによって生まれる成果までの流れで，この流れの論理的な進捗をあらかじめ想定しておく必要がある．

　欧米や国際社会ではよく見られるプログラムだが，日本の官公庁の場合には外部からプログラムが見えないことが多い．その理由は2つある．

　官公庁の組織には所掌事務として既にプログラムがすでに埋め込まれており，事業（政策手段）の選択が行われず，また組織内部の話なので積極的に公表しない官公庁が多く，外部の市民には知られていないのが第1の理由である．これを言い換えると，以下のように説明できるだろう．現場プロジェクト活動の運用方法は組織の所掌として定型化されたプログラムになっている．たとえば地域振興局の道路課，県土整備局の下水道整備課，環境衛生部の食肉衛生検査所，ふるさと振興部ふるさと振興企画室などの組織はプログラムが組織名称になっている．別の政策手段を選択する議論が少ないだけでなく，既存のプログラム内容は積極的に外部に公表していない．

　それがまた，市民がプログラムに関心を持たない第2の理由になる．一般市民にプロジェクトは見えているが，そのプログラムは見えず，目に見える個別のプロジェクト実践に関心が向くので，市民は「木を見て森を見ず」状態になるのである．もちろん，トップダウンの視点では，市民は現場のボトム付近にいるので，上位の政策とその政策の運用を具体的に示すプログラムは見えない．政策が中央府省で作られている，首長選挙で政策論争を回避したい候補者など，市民を政策論から切り離してしまう事情も多い．

　政策を見るためにはプログラムを見ることが大事だが，このプログラムが見

えづらく，市民が関心を持たないことが日本社会では政策評価の普及にとって大きなハードルになってきた．

（2）「評価」の難しさ

　評価も問題が多い言葉である．なぜなら日常的に日本で使っている「私はあなたを評価する」とは肯定的な意味を含む褒め言葉なので，ここで言う本来の評価の意味とは違うからである．実際の「評価」は褒め言葉でも価値判断の言葉でもない．評価を実践するときに苦労する一番の原因は，ここにある．

　評価学で言う「評価 (evaluation)」とは，何かを決める権限を持つ意思決定者に，その判断材料になる情報を提供する活動である．社会科学の応用だと言われる理由はここにある．決定や判断そのものではないし，好き嫌い・賛成反対・肯定否定の表明でもない．偏見やバイアスを持たずにデータを収集し，先入観を排して現場の調査を行い，それで得られた客観的なデータや情報を意思決定者に提供して，公平・中立的な判断を支える，これが評価活動である．したがって200 ml のコップ一杯の水を半分飲んだ残りの100 ml を，「100 ml ある」と表現することには問題がない．しかし「まだ100 ml ある」と言ったり，「もう100 ml しかない」と言ったりするのは問題である．まだとか，もうとかが聞く人を誘導するからで，それは評価には無縁の言葉である．その意味で，国際的な評価の分野では1960年代から福祉（社会プログラム）の分野で拡大した‘Evidence Based Evaluation’の動向，とくに RCT (Randomized Controlled Trial) の試みは，客観的な情報収集で得られたプログラム（施策）実施結果の情報を，プログラム作成・プログラム評価に反映させる努力の一端として注目できる．これは，たとえばオリンピックを開催したい人が，開催のために有利な情報を集めて行う事前評価とは，全く異質な活動である．

　なお，評価 (evaluation) と測定 (measurement) が混同される場面は多い．計測して得られた数字を使うのは評価の方法の１つであるが，評価そのものではない．ただ，組織経営現場にトップダウンで行う目標管理の手法が入って，目標にした指標の達成度を測定して現場をコントロールするマネジメントが流行し，また内閣府の地方創生や ODA のパフォーマンス測定が行われるようになってから，測定が評価だと誤解される場面が増えた．国連の SDGs (Sustainable Development Goals）や内閣府の KPI（Key Performance Indicator：重要業績評価指標）はその代表である．そして残念ながら，評価と測定の違いが理解されないまま「評価＝測定」の誤解が拡大し，その結果，測定が評価としてまかり通ることになる．

このように「評価」については説明が難しいが，似ているものの異なる活動をあげて説明すると理解が進むだろう．

まず監査（audit）である．監査は評価と違うのだが，現場では同じように行われている場面も少なくない．日本の政府内で政策評価が関心を持たれはじめた1997年，当時の自治省が地方自治法を改正して外部監査制度を導入したことも，混乱・混同の原因になった．もちろん外部監査は地方自治体の汚職や非違，違法支出，目的外支出，浪費・乱費等を追及し監視したいと考える世論が当時の社会にあったが，これは政策の見直し，再検討をしたい政策評価の動機とは全く別である．ただ，有効性も見ることを外部監査に求めたことが，政策評価と重なってしまったので混乱したのである．

そもそも，監査と評価は対象と考え方，用途が異なるので，物指し（measure）も違う．組織から独立した機関が行う業務監査や会計監査（会計検査）は，行政や経営の活動に間違いや非違を探す専門的な仕事で，基本は悉皆的に全部を対象にチェックする．その項目は法令に適合しているかどうか（合法性・合規性），会計監査や会計検査では予算を規定どおり支出しているかどうか（合規性），目的外使用や無駄・浪費がないかである．効率性を見ることもあって，その時は「多額の予算を投入しているのに，これしかできないのか」「他自治体と比べてもコストが高すぎる」など予算のインプットと活動結果のアウトプットとの比較（費用便益分析の効率性）である．議会と執行部が決定した予算を節約して，使い残すことは官公庁ではあまり多くない．なお，節約（economy），効率（efficiency），有効性（effectiveness）の 3E 監査が1980年代から行われるようになってから，評価に接近したと言うこともできる．ただ，実務において評価の基本は効果の有無（有効性）で，対象も政策・プログラム・プロジェクトによる政府介入なので，監査よりは限定的な機能である．

また，アセスメント（assessment）も評価（evaluation）と混同される．しかし，環境への悪影響を事前に評価するアセスメント，子供の養育環境に潜む児童虐

待リスクを点数化するアセスメントを評価だと考える人も多いが，これはアセスメントという英語に正しく対応する日本語がないからである．アセスメントが使われる場面は事前査定，事前審査，事前予測に相当するので，評価（evaluation）と呼ぶのに違和感がある．

　資格認証はどうだろう．一定の要件を満たせば規準に合格し，資格を認定される仕組みは多い．資格を持つことが，品質確認や評価を省略できるという視点である．ISO シリーズや専門医認定，日本評価学会認定評価士など，資格認証の数は多い．ねらいは社会に対する信用である．この認証を評価と呼ぶこともあるが，使い方としては間違っている．認証は資格や信用の付与なので，評価が持つ情報提供に純化されていないからである．

　このように，政策と評価，この 2 つの重要な概念を明確に特定しないまま日本社会に突然「政策評価」が導入された．ただし，こうした地方自治体実務の動きに理論の貢献をするはずの学会の動きは，当初鈍かった．理由は2001年頃から進んでいた外務省改革の中で評価が大きくクローズアップされて，ODA評価や外交政策の評価に研究者のエネルギーを取られていたためであり，また1997年から中央省庁改革の手段の 1 つとして政策評価導入が進んでおり，これにもまた多くの人的資源を必要としていたからである．とくに地方自治体の研究者と ODA 研究者，中央府省研究者とは別世界の住民であり，また中央省庁の政策評価と地方自治体の政策評価を重ねて議論できる研究者や実務家が少なかったため，地方自治体に評価活動が試験的に導入されても，理論構築は手探りで進めざるをえなかった．

　政策そのものについても，現在であれば常識になっている政策デザイン，ロジックモデルの発想は少なく，当時はかろうじて政策体系のアイデアが「施策体系」の形で公表されていたに過ぎない［山谷 1997：201］．また，当時の地方自治体用語では政策よりも施策が一般的で，政策に関わる活動の規模による順位づけも混乱していた．施策が政策の上位概念であったり，事業のもとで政策を展開したりする地方自治体も少なくなかったのである．さまざまな混乱の中で，地方自治体で政策評価の導入が検討されていた状況に対する危機感が，地方分権改革運動の熱とともに，政策21の設立につながったと言ってよいだろう．

✛ 4．政策評価と地方の改革の変化

（1）政策評価と改革

「NPO の非営利活動の政策評価で地域社会に貢献しよう．」

　この想いから私たちが政策21を設立した当時は，単純に政策評価の制度普及と啓蒙に邁進したが，その後の時代状況は複雑に変遷した．そのため政策21のミッション自体は変わらないが，本書の各章で記述しているように，政策21の仕事自体が大きく変化した．

　中央府省（とくに旧自治省と旧行政管理庁），効率と無駄削減を至上命題とする一部大都市住民の世論，選挙のためこの世論に阿る政治家（とくに大都市部の地方政党議員）の潮流にさらされた東北の地方自治体は，政策評価だけでなくさまざまな評価関連業務を政策21に依頼するようになった．政策21には現職の公務員が複数所属し，その多くが大学院で自治体経営の手段として政策評価を学び，日本評価学会に加入して最新の評価情報を把握していたことなどを背景として，多くの依頼に対応していった（当初，政策21の入会資格は修士号取得者であったが，現在は評価実務担当経験者や日本評価学会が主催する「評価士養成講座」受講者に拡大している）．

　政策21がめざしたミッションと時代に合わせた仕事の変化をたどると，基本的に3段階に分けられる．分権改革時代の政策評価，次いで財政危機時代のガバナンス改善に使う行政経営改善型評価，そして困窮する地方自治体にさらなる難問を投げかける「地方創生」とその評価（業績測定）の3段階である．

　最初の1990年代後半からの10年は「政策と改革の時代」で，改革を新たな政策で対応する，その前提として従来の政策を見直す気分が広がっていた．20世紀末の時代精神が，多くの政策を振り返り，昭和時代の体制の見直しを求めたからである．新しい世紀を迎えるにあたって，見直しを次の改革テーマにしたいと考える前向きの，積極的な気分を醸し出していた．社会もジャーナリズムも，研究者たちも，明るい気分で変革を求めていた．象徴的な当時の改革テーマを振り返ってみよう．

　まず，政治改革である．昭和の時代から平成時代にかけて，日本政府は先進

表 1 - 1　　関連年表

1989. 9. 4	日米構造協議開始（海部俊樹内閣）
1993. 8. 9	細川護熙内閣成立（非自民,「55年体制」崩壊）
1993. 11. 12	行政手続法公布
1994. 6. 30	村山富市内閣成立（社会党と自民党）
1995. 1. 17	阪神淡路大震災
1995. 4. 9	北川正恭, 三重県知事当選
1995. 5. 19	地方分権推進法成立
1996. 1. 11	橋本龍太郎内閣成立
1996. 11. 21	行政改革会議設置（橋本行革）～1998. 6. 30
1997. 12. 3	行政改革会議「最終報告」, 政策評価導入を明記
1998. 3. 25	特定非営利活動法人法成立
1998. 6. 12	中央省庁等改革基本法成立（中央省庁再編・政策評価導入）
1999. 5. 7	情報公開法成立
1999. 12. 1	改正労働者派遣法施行（派遣対象業務原則自由化）
2001. 1. 6	中央省庁再編成
2001. 6. 29	行政機関が行う政策の評価に関する法律成立（2002. 4. 1施行）
2009. 9. 16	鳩山由紀夫内閣発足（政権交代）
2009. 11. 6	行政刷新会議（事業仕分け）

出典：筆者作成.

国では珍しく汚職事件, 疑惑, 疑獄が蔓延した［湯浅 2021a］. 政治活動と選挙活動費用が議員歳費だけで賄えない金額になっていることが原因だが, その元凶は中選挙区制度にあるとの認識については衆人一致していた. そこで政治改革が選挙制度改革に向かい, 小選挙区制と政党交付金制度に改革は結実した. 改革の積極的効用は, 選挙結果を左右するのは政治家個人の集票・集金能力や「どぶ板選挙」や「業界選挙」型集票マシーンではなく, 政党として政策を訴えるスタイルが基本だと認識されるようになったことである. また, 1993年の自民党の野党転落, 新政権誕生, 連立政権間の政策合意が, 政策の評価が重要なテーマだと認識する世論を拡大した.

　もちろん, 政策に直接携わる中央省庁改革もまた改革対象に加わった. 1990年代には行政汚職・官僚の不祥事が繰り返し発生し［湯浅 2021a：228］, 組織体制の大きな見直しとガバナンス改革の検討が必要だと考えられてきた. 12月に行政改革会議の最終報告が出て中央省庁改革の方向性が定まる1997年に限っても, 多くの腐敗や違法の報道があった. 代表的な事件は以下のとおりである.

- 林野庁営林局職員が大量に天下りする公益法人が営林局発注の森林土木の調査・設計業務を大量受注（『朝日新聞』1997年3月21日）
- 米軍厚木基地工事談合（『朝日新聞』1997年4月21日）
- 動力炉・核燃料開発事業団「ふげん」重水漏れ事故報告せず（『朝日新聞』1997年4月17日）
- 大蔵省検査官第一勧業銀行から接待後「なれ合い検査」（『朝日新聞』1997年7月30日）
- ゼネコン汚職東京地裁元建設大臣に実刑（『中国新聞』夕刊1997年10月1日）
- 関西地区公共事業入札でゼネコン各社が談合・公正取引委員会が摘発（『朝日新聞』1997年10月1日）

　背景にはバブル経済とその崩壊，官民癒着，政と官のなれ合い，金融機関の経営破綻，金融行政当局に対する不信，公に携わる人びとの規律の崩壊があって，こうした現状を立て直そうとする時代精神があった．中央省庁等改革基本法（1998年）と行政機関が行う政策の評価に関する法律（「政策評価法」2001年）はその象徴であった．

　市民にとって身近な改革として重要なのは地方分権改革である．地方分権改革は単に中央地方の資源配分関係を見直すだけではなく，政策資源を手にした地方自治体も政策主体になり得る，あるいはなるべきだと主張する改革だった．政策を作るよう求められた自治体行政の現場では当然，これまでの政策と事業の見直しが伴い，地方分権改革と政策評価がセットで導入されることにつながった．事実，20世紀末から21世紀初頭の約10年，都道府県や市町村の研修機関，自治大学校，市町村アカデミー，全国自治団体労働組合と地方自治総合研究所では政策評価研修が増えた．

　当時を振り返ると，以下のようなメッセージが想い起こされる．権力の集中を止める地方分権運動はデモクラシーの充実につながり，地方分権運動では「官治」的な中央集権の弊害を訴え，地方に住む市民の視点を重視する．つまり地方分権改革はデモクラシーを拡大する方向に貢献する．したがって地方自治体と市民もまた政策主体になる．研究者や実践家がこう主張する分権運動は実務家の中でも正統性を持った．実施した政策の成果を評価して，評価結果を

政策作りの現場にフィードバックすることは重要だが，そうは言っても地方自治体現場には政策の理論を反映した評価の取り組みの経験は少なかった．ユニークな事例が1996年当時の三重県庁である．北川正恭知事自らが行政改革に熱心で，改革の柱の１つに政策評価があったことはマスコミ報道でよく知られていた ［山谷 2006：第 6 章］．そこで，多くの改革派の首長も政策評価に注目し，この自治体改革運動は「評価」を伴って地方分権運動のうねりと共に，全国展開する．

（２）改革当初の実情とその後

　それでは，この改革の時代のキーワードになっていた「政策評価」とは，当時どのようなものだと認識されていたのだろうか．1996年から97年当時，政策学や行政学の理論を反映して「システム」（図1-1）が中心で，その後に「デザイン」（図1-2），「ロジックモデル」（図1-3）に言及する場面が多くなった．したがって，政策の実例を示してのデザイン，ロジックの説明は，当時行った現場の行政実務や研修では苦労した．日本の行政活動の現場ではこの３点を意識して業務・事務・事業が作られていなかったし，地方自治体の基本計画・総合計画を策定業務に携わる人びと（公務員・業務を受注したコンサル）は，この３点に拘泥していなかったからである．

　たとえば，図１-１の政策システムについては，都道府県庁や市町村役場はそれぞれの総合計画や基本計画の全体を枠づける仕掛けとして考えていたが，理論との整合性において多くの難点があった．その代表は「誰が責任を持つのか」である．

　総合計画や基本計画は首長の任期に関係なく作られ，また計画作成の担当者は人事異動で変わっているため，計画の始まりと終わりに責任を持つ人物が別になる．計画内容も論理的に一貫した体系になっていない．計画策定過程がボトムアップで，各原課から積み上げられてくるので全体としての整合性に欠け，それを無理に体系化する作業の途中でさまざまな組織のチェックを受けて「角が取れて無難な表現」に落ち着き，文言が「丸く」抽象化される．この段階でシャープな目標ではなくなる．さらに政策は現在の課題（人口減少・産業の停滞など）の解決策か，将来発生する課題（少子化・高齢化・農業者の減少・若者の就職

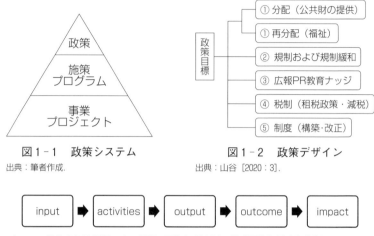

図1-1　政策システム

出典：筆者作成.

図1-2　政策デザイン

出典：山谷［2020：3］.

Input　投入される資源．人，予算，品物などの財，賛成票数など政治的資源もある．
Activities　インプットを使って行われる活動．
Output　活動の結果出てくる直接生産物．産出と言うこともある．
Outcome　アウトプットによって生まれる期待した成果．
Impact　中長期の影響．プラスとマイナス，予期した・予期しない，それぞれある．

図1-3　ロジックモデル

出典：筆者作成.

　難）への事前対応的な性格を持つが，計画の文章には課題を具体的に書かず，希望的な願望を並べることが少なくない．もし当該地方自治体の名前を入れなければ，全国どこの自治体でも通用する表現になる総合計画や基本計画がまかり通るが，その多くは東京のコンサルタントに業務委託した計画だった．つまり，体系を意識してはいたが，全く体系化されない計画ばかりだったのである．

　図1-2の政策デザインは，政策目的と政策手段を適切に組み合わせる理論だと認識されてきたが，実務ではこのデザインが形骸化されたり，忘却されたりする問題が見られる．県庁の各部局が所掌として持っている政策手段があらかじめ決まっているため，この暗黙の前提を見直すのは難しかったからである．具体例で説明しよう．たとえば交通渋滞の課題に対しては道路課の政策手段がまず重視され（車線拡幅・バイパス建設），ほかの政策手段（公共交通鉄道の新設，時差出勤，クルマ通勤の抑制などの手段）には消極的であった．クルマ依存が常態化してクルマ以外の移動手段を考慮しない社会では，政策デザインの話をしても説得力がない．いきおい，道路予算の獲得に政治家の目が向く．このように政

策デザイン論の展開が難しい事例は多くあり，政策型思考が理解されない原因
になっていた．似ている事例ではイベントや観光に依存する過疎対策，新幹線
誘致が主要目的の地域振興，新築戸建て住宅に拘泥する住宅政策，理科系国立
大学進学を偏重する県立高校など，的はずれのアナクロニズム政策は数多い．
もちろん組織を前提にする思考がこうした的はずれ，アナクロニズムを助長す
る習慣につながった．

　この時期の公共事業に関する議論の多くはインプット（予算獲得）とアウト
プットばかりであったので，欧米の評価理論を反映してアウトカムを評価の前
提にした思考改革を提案すると，アウトプットとの違いを理解してもらうのに
苦労した．適切な事例を探すのに苦しんだが，たとえば次のような説明を研修
で行っていた．下水道事業では補助金がインプット，その補助金で施設を建設
する活動（activities）があって，活動が下水道施設を建設する（アウトプット）．
インプットと初期アウトプットの比で生産性は測定できる．その下水道を利用
する世帯数や住民数の増加がアウトプット，これらのアウトプットが増えた結
果湖沼・河川・海の水質汚染が減少するのがアウトカム（成果）である．ただ
し，アウトカムは外部のさまざまな要因からの影響を受けるため，事前に狙っ
た成果が出ない場合も多い．

　さらに，下水道の維持費用の負担が大きいので下水道料金値上げを考えたが，
住民が料金の値上げに反対するので地方自治体の持ち出しが増え，想像しな
かった財政悪化（特別会計の赤字）を招く事態は「予期しないインパクト」であ
る．このインパクトとは政策主体がコントロールできなかった外部からの影響
で発生した事象のことで，予想できなかった副次効果，思いもよらない悪影響，
想定外の重大事故などマイナス事例が多いが，偶然の好成績なども考えられる．

　これらシステム，デザイン，ロジックの 3 つの概念を使った説明を，政策現
場で組み立てる思考はその後現場で定着が進んだ．改革を支える思考として役
に立ったと考えてよいだろう．他方で，そのためのデータ収集作業には費用，
人材など難しい問題もある．また，行政組織や報道機関には強固なインプット
主義（予算獲得後を考えない）思考も残り，予算の多寡で一喜一憂する癖が消え
ていない．また予算の執行プロセスを過剰に重視するプロセス主義などの慣行
も課題として残っている．

（3）地方財政危機時代の「ガバナンス改善」

　ところが改革時代の前向きの積極的な熱気は，突然冷水を浴びせられる．きっかけは「自治体破産」だった．このショッキングな言葉が現実味を帯び，改革とは無縁だと思い込んでいた「居眠り自治体」関係者，第三セクターの観光施設やスポーツ施設を「放漫経営」していた地方自治体関係者が危機感を持つようになったのである．財政危機を煽る新聞記事や自治体経営専門雑誌も急増したことがで，多くの市民の不安につながった．

　「夕張ショック」（2006～2007年）として自治体破綻が現実として目の前に現れたとき，まず人びとはこの大変な事態に注目した．そこにあったのは複数あった小中学校の各1校への統合，図書館をはじめとする公共施設の廃止，公共料金の大値上げ，職員の大量整理と賃金カットであった．しかも自治体破産が夕張市だけでなく，他の自治体でも起きたところが深刻さを再認識させた．たとえば，身の丈に合わない観光・施設建設に力を入れて財政破綻を招いた青森県南津軽郡大鰐町もあり，自治体破産は「ヒトゴト」ではなくなったのである．

　実は，地方分権改革が進む中でもすでに地方自治体の財源問題があり，与野党の政治主導ではじまった「平成の大合併」運動でも，合併（自治体数削減）を正当化する声の中には財政基盤が弱い小規模自治体の合併を促す議論が，合併反対派に向けたメッセージとして使われた．合併に躊躇する小規模自治体を「介護保険制度を賄えないのでは困る」と攻撃する論調も多かった．それらを受けて2000年には当時の与党であった自民党・公明党・保守党の与党行財政改革推進協議会において「基礎的自治体の強化の視点で，市町村合併後の自治体数1000を目標とする」との方針が示されていた（総務省自治行政局合併推進課2010年3月5日）．ただし，この1000という数字に論拠はなく，民間企業の経営効率を改善する合併をまねた政治家たちの主張を，官公庁が忖度して利用したと考えても良いかもしれない．事実，「骨太の方針2001」にあるとおり地方交付税は減額され，結果として市区町村の合併を進めたことが記録されている［西尾2007：128］．なお，平成の大合併の成果の数字は資料によって若干異なるが，総務省資料によると全国の市町村数は3232（1999年），これが合併が一段落した後1741に減少している．

　予算カットと効率化が合併とセットになって，地方分権改革の有様は一変す

る.「乾いた雑巾をなおも絞る努力を民間はしているのに，役所の改革は手ぬるい」,これが当時の流行語「身を切る改革を」の主張であった.また，そういった主張が広がったのは，選挙戦術としても有効なためであった.こうして選択されたのは，コストカット型評価だった.それを行政評価と呼び，事務事業評価として使った地方自治体もある.

　同じ頃，非営利の一般社団法人「構想日本」は，その政府改革構想の中で「事業仕分け」を編み出し，これが大きな影響力を持ってその後の評価（evaluation）活動の考え方に修正を加えてきた.事業を単位として，外部の有識者として大学教員・弁護士・公認会計士・シンクタンクやコンサルタントのスタッフたちが無駄や冗費の削減を目的に予算の合理性を追求し，事業担当者に公開の場で説明を求め，最後に廃止・中止，抜本的見直し，継続などの判定を下す.

　ただし，事業仕分けは長続きしない.多くの官公庁ではイベントとしての一過性で終わった.その問題は，公開処刑とまで呼ばれた激しさ，煩雑な準備作業の多さ，仕分け人になる専門家確保の難しさ，廃止・休止になった事業が名前を変えて生き残る「ゾンビ事業」の横行が多く，地方自治体の体質改善にまで至らなかったことなどである.そもそも，事業仕分けは政策レベルの評価ではないので，失敗からまなぶ政策学習機能，政策担当者に対するフィードバックが伴わなかった.

　他方，都道府県や市では公会計制度を導入して，経営改善ツールとして活用する傾向が増え，行政評価は事務事業評価に公会計制度を加えた現場の活動のチェックの様相を呈す（たとえば愛知県庁では2014年度から「管理事業評価」として実施）.たしかに，予算会計の視点で事務事業（地方自治体の活動の基本単位で予算の単位でもある）を見直す方法を反省だと考えれば最適であったし，現場の公務員にとっては慣れた作業であった.ただし，これも評価（evaluation）ではなかった.

　ところで，あまり注目されなかったが，実は日本の地方自治体での構造改革には，先進国型改革と途上国型改革が混在したところに，大きな特徴がある.一般に，途上国型改革では基礎的なグッド・ガバナンスを求めたが，それはとくに合規性，公正さ，透明性，効率性を重視する考えである.贈収賄，情実任用，談合，不公平な許認可・補助金の摘発・根絶を目ざしたが，それらは以下

の点に収斂していった.

- ・財政赤字削減, 公務員数の削減, 民営化・民間委託推進の側面
- ・公共サービス提供に入札などの競争メカニズムを入れる
- ・調達に際して透明化と情報公開の推進
- ・非効率, 無能, 汚職の撲滅のための各種チェック・システム導入

　同時にすすめられていた先進国型のガバナンス改革とは, 欧米では1990年代半ばに経済協力開発機構 (OECD) によって方法が明確化されていたが, 方法にはイギリス型の NPM 改革, アメリカ型の 'Reinventing Government' 改革があって, 両方とも新しいマネジメント・スキルの導入に熱心であった. それはおよそ次の5点である.

- ・財政と組織構造の柔軟性：独立行政法人制度 (病院や大学の業務を外部化して法人化する), Private Finance Initiative (PFI. 公共施設建設に民間資金活用)
- ・成果と業績に対するアカウンタビリティ：業績指標で業績測定
- ・競争と選択の重視：市場を重視して公共サービスを外部委託したり民営化したりする. 指定した団体に公共施設の管理者を委託する制度もある.
- ・公共サービスが住民ニーズに応答的かどうかを判断する指標の設定.
- ・人的資源の有効活用：柔軟で費用対効果的な業績重視の雇用形態, 有期雇用, 非正規雇用の活用

　注意が必要なのは両者の使い分けである. 地方の過疎地域の小規模自治体に先進国型改革を求め, 民営化や民間委託, 指定管理者制度や PFI を求めても, 近隣に担当できる民間団体や業者がいないことが多い. 逆に人口規模が大きな県庁所在地 (政令市や中核市) であっても, 遵法精神やコンプライアンスに難があって途上国型改革が必要な場合もある. しかも, こうした諸改革には必ず評価が必要になるが, その評価が分からないまま, 改革の制度導入を進める地方自治体が多すぎた. その意味で, 政策21の出番があったのは, 歴史の皮肉かもしれない.

　さまざまな新しい改革や改善に積極的に取り組む市町村, 周囲でやっている

ので消極的だが取り組んだ市町村があまた見られた中に，大きな政治的インパクトが襲った．「地方創生」である．

（4）「地方創生」評価の難問

　国内の評価実践に大きな転換をもたらした政治的インパクトは安倍晋三内閣の「地方創生」（2014年）である．この地方創生によって地方自治体を取り巻いた評価の景色は一変したと言っても良い．その理由は「まち・ひと・しごと創生総合戦略」（2014年12月27日，以下「総合戦略」）に２点ある．

　第１は，政府中央（内閣官房まち・ひと・しごと創生本部事務局・内閣府地方創生推進事務局）がトップダウンで仕組みを指定するところである．通常，プロジェクト評価の事業評価もプログラム評価（政策評価）も，現場での評価を上にあげていくボトムアップの流れである．それとは違ったトップダウン型の評価は，評価実践では珍しかった．

　第２は，総合戦略そのものに，評価の重要な要素を入れ込んでいたところである．総合戦略にあるのは以下の要点だった．

　Ⅰ．基本的な考え方．課題の提示を行っている．

　Ⅱ．政策の企画・実行に当たっての基本方針．ここでは従来の政策の検証，政策５原則（自立性・将来性・地域性・直接性・結果重視），国と地方の取り組み体制と PDCA（Plan Do Check Action）重視の姿勢を宣言している．

　Ⅲ．今後の施策の方向．この方向を提示することで政策の基本目標を掲げ，そこではアウトカム重視を謳っている．また政策パッケージを提示しているが，これは政策領域ごとにプログラム・パッケージを置いて，この方向で戦略を進める仕掛けである．実は各府省の政策である．

　Ⅳ．国家戦略特区・社会保障制度・税制・地方財政等．国が持っている政策手段を説明したもの．

　この総合戦略は近年の官庁の政策文書の中では珍しく，政策作りや政策の進め方，そして政策評価について詳しく説明しており分かりやすく，学部学生などの素人にも読み応えのある内容になっている．反面，それは自力で能力開発

を進める努力を前提にしていた地方分権にとって，大きな問題がある．評価を
やる地方自治体が自ら考えるとエンパワーメントの効果があって地方分権に貢
献するが，この総合戦略は東京（内閣府）が「上から目線」で評価を求めるこ
とが前提で，地方自治体側にすれば「お節介」で「やらされ感」があり，評価
疲れを招くだけであろう．もちろん，地方分権改革の精神にも反している．

　総合戦略の問題は，事実上評価によって中央集権を進める結果になっている
ことで，見方によっては社会主義型計画経済のノルマ評価（＝実績測定）の悪夢
が蘇る．上から評価（測定）に中央政府からの補助金提供が絡めば，地方の抵
抗感は増す．たとえば，2021年夏にタジキスタンに代表される旧ソビエト連邦
国家に政策評価システムを導入する研修を行った時，コーディネートに入った
国際協力機構の専門家から事前に注意された．旧社会主義国家ではトップダウ
ンでの目標提示，目標管理型で現場をマネジメントする測定（これを日本では
PDCAと呼ぶ）に抵抗感を示す現地政府職員が多いという注意である．

　他方で，社会主義の計画経済の経験がない日本の地方自治体は，総合戦略を
無邪気に受け止めた．しかし，中央がトップダウンで目標を設定し，その目標
の達成までに至るプロセスを説明させ，説明のストーリーの記述が上手だと競
争的補助金がつく，上手か下手かの判断は内閣府という構図は地方分権と相容
れない．さらに事後評価（目標達成度）によって事業担当組織に優劣を競わせる
この方式は，中央の意向を忖度させ，間違いなく現場組織の思考停止を招く．
その意味で，こうした評価方式を採用した地方創生総合戦略は，地方分権に向
けたガバナンス機能整備，政策立案・評価能力向上を実践していた地方自治体
にとって逆効果だったと言うほかはない．

　総合戦略の「KPI」の設定と，これにもとづく「PDCAサイクル」の確立は
建前として美辞麗句だが，職員数と能力開発に余力がない地方自治体はこの地
方創生の補助申請を諦めることになる．構造改革の中で公務員削減，業務の外
部委託，市町村合併が進む一方で，外部業者への業務の外注化・丸投げ（人件
費の大きな削減を伴う），会計年度職員制度導入などによって「公務」の縮小と専
門職の崩壊が進んでいる．基礎体力が落ちている地方自治体に地方創生は「強
すぎる薬」かもしれない．

　それにもかかわらず，安倍政権の間に人口10万人以上が消滅した青森県・秋

田県のように，地方自治体の努力ではなんともできない現状も多い．努力して
も改善できないのである．地方自治体に設定させた数値目標を国が精査して交
付額や対象事業を選定し，進捗状況を国が毎年検証していく姿は，地方分権を
考える人にとっては悪夢そのものである．

┼ 5．政策シンクタンク型 NPO の困難

　この悪夢の背景には，地方分権から構造改革，そして地方創生までの20年間，
効率規準が評価の世界を席巻した事情があったのは，先に言及したとおりであ
る．地方自治法，地方公務員法，国家公務員法が行政に求めてきた伝統的な価
値の「能率」を，近代経済学の価値観である「効率」と言い換え，「効率の主
流化」を進める政策評価はその視点と価値観においてバランスを欠いていた
［山谷 2011］．それが2020年に新型コロナの影響から，このバランスを欠いた思
考がようやく問題視されるようになった．

　そもそも政策評価は，政策の作成・実施・評価に関わる政策技術の合理性と，
民意の合理性（デモクラシーに関わる仕組みとその運用能力）の両方を反映していな
ければうまくいかない．世界銀行や国際通貨基金に代表される国際機関が，途
上国支援において政策評価を民主化のプロセスに載せて「アカウンタビリ
ティ」と「ボイス（発言の自由）」と同じ文脈で1980年代から注目してきたのは，
このためである．したがって，この両方の合理性に配慮する政策評価は，「政
府の失敗」を市場化やコストカット経営によって克服しようとする新自由主義
志向ではなく，社会のネットワークやパートナーシップとの連帯を強めること
で克服しようとする志向になるので，当然，NPO が関わることになる．その
ため，政策評価ではこれまで弱かったデモクラシーの理念との関係をめぐる議
論が必要になる．さらに，18歳選挙権で新しい有権者が登場した地域社会では
民主主義，具体的には選挙における政策評価の可能性が議論されなければなら
ない［山谷 2017a；2017b］．ここから言えば政策評価は「デモクラシーの 'litera-
cy skills'」を磨くツール，行政機関と市民が協働するツールとして期待される．
それに関わる NPO は行政の「下請的な立場」とはまったく違う．

（1）志を挫く「評価」

　NPO が行政の「下請け」になった現象とその後の顛末は，NPO を制度化した人びと，そして NPO で社会貢献する志を持った人びとにとって想定外だったはずである．

　もともと NPO に対する注目は 2 つのルートがあった．1 つは国際社会，とくに開発支援の現場で精力的に活躍する非政府組織（NGO）への注目，もう 1 つは阪神淡路大震災後の市民の活躍である．両者の動きにおされて特定非営利活動促進法が1998年12月に施行され，NPO の仕組みに志を持つ多くの地域住民たちが社会貢献したいと考え，地域社会貢献活動に参入した．NPO が主体的にイニシアチブを発揮するイメージである．しかし，残念ながら地方自治体の多くはそう見ていなかったところがある．平時の日常業務に，業者としてNPO の労働力をどのように「借り上げるのか」として見ていたので，上から目線で業者に指示するのと同じ使い方をした地方自治体が少なくない．NPOとどんな関係を構築するべきなのか，市民社会における行政との協働のあり方とは何か，こうした認識を反映した政策を持たずに NPO に対応してきた地方自治体も多い．その遠因は，市民活動に対する無理解にある．

　1970年代に松下圭一は「シビル・ミニマム」を地方自治体が市民に示す生活保障基準として提示したが，それは国が示す最低限のナショナル・ミニマム「以上」の人間らしい生活を保障する目的を持っていた．当然，公的機関だけの努力ではシビル・ミニマムをめざすのは難しいため，市民社会，とくにNPO の協力に期待が向いた．つまり，行政も市民社会も手を携えて共助の協働社会を実現する方向である．これをふまえて，たとえば田中弥生は NPO の2 つの役割，市民の権利基準を維持する担い手の役割と，市民から提供された寄付やボランティアの労力の活用を監視する NPO の役割を重視した［田中 2005: ii‐v］．ここで出てくるのが NPO 活動を評価するアイデアと，NPO もまた評価に関わるアイデアである．

　しかし現実には，これらのアイデアはさまざまな制約条件の影響を受けて，大きく矮小化させられた．加わった制約条件の代表は「夕張ショック」への恐れが生み出した呪縛である．これが長年続いてきた「地方行革」の効率化圧力に加わり，総務省の「定員管理」が全国の地方自治体を定員削減に誘導したの

である．この代表は「地域の元気創造事業費」の算定方法に行革努力分を組み入れたことで，その誘導に従った行革努力分には職員数削減率，人件費削減率，人件費を除く経常経費削減率などが入った．地方の現場では職員削減，非正規化の圧力はますます強まる．そして指定管理者制度（2003年）が臨時職員や期間限定職員に代表される「官製ワーキングプア」を悪化させた問題，この問題をさらに拡大させた会計年度職員制度，そしてこうした一連の状況を選挙戦術に使う政治勢力の存在が，NPO活動に重大な悪影響を及ぼす．前述の効率の主流化もあいまって，地域貢献の志を持つNPOの立場は大きく変化したのである．

変化はとくに，NPOに関わる評価に現れた．「『政策の見直しを通じてガバナンスを変革しよう』という壮大な意図が，行政コストの削減や業務量の測定，コスト意識，顧客志向という公務員の意識改革にすり替わった」［林 2015：138］．地方自治体の事業評価が，NPOの「志を砕く評価」として常態化した．

（2）NPOと評価の実態

そもそも評価は情報提供ツールであって，評価それ自体が何かの意図や強制力を持つわけではない．中立的な活動であるはずだった評価が，評価結果の情報を使う人の意図，その背景にある政治的文脈が評価に「色」を付けるのである．たとえば，財政赤字の地方自治体の首長が経費削減をめざして評価を行うと宣言すれば，評価担当者はそうした無駄や浪費の摘発に躍起となる．また，地方自治体の課が中央府省の補助金を使って事業・業務を行い，翌年度も継続を期待すれば，中央府省の意向に合わせた事業・業務の評価が実施される．

さらに，地方自治体にも総務系・原課系などのさまざまな組織があり，それぞれ独自の業務を行っている．当然その組織業務に必要な情報は違っているので，違った評価を求めてくる．評価の多様性，多重性が発生する背景にはこうした評価の現実がある．この実際を説明するために図1-4を作成した．この図は，多重的な評価の背景・文脈がどのように「評価をされる側」に影響するのかを説明する．

図1-4の評価マップの左にあるNPO法人の視点から，この評価マップを見てみよう．

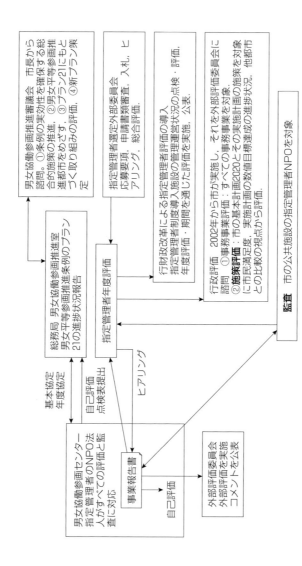

図1-4 評価マップ（Q市の男女協働参画センターの例）

出典：内藤・山谷 [2015：216] を修正して引用.

　まず，市長が義務づけられる市民に対するアカウンタビリティを，現場で事業・業務を担う NPO から見た視点である．本来，市長が男女共同参画条例・プラン21の策定と推進について，市民に対して責任（＝権限）を持っているのが大前提である．この責任をはたしているかどうかについて，市民とその代表である議会に対して市長が適正な説明をしているかについて，市民（その代表の市議会）が判断する．これが市長のアカウンタビリティである．だが，この判断材料の資料（報告書）作成を NPO に委託しているので，このアカウンタビリティのための情報を NPO は作らなければならない．そこで NPO は市が設置した外部評価委員会に事業報告書を提出し，それをもとに行われた外部評価報告がアカウンタビリティ確保手段として使われる．男女共同参画政策のアカウンタビリティを担う市長の仕事を，NPO が下請けしている構図である．

　この構図は，男女共同参画推進審議会に直接アカウンタビリティをする男女共同参画推進室が NPO と協定を結ぶことで成り立ち，この協定を根拠に構図を正当化している．責任上，担当課室は NPO からの報告を市民に公表しているが，その公表自体は市民に対する情報公開の意味よりも，実は NPO の活動をコントロールする結果になっている．

　NPO をコントロールする方法は多いが，その代表は計画（総合計画）に数字，たとえばドメスティック・バイオレンス（DV）セミナーやイベントへの参加者などの数字を置くことである．この数字の達成度を測定する指標を使って，担当課室が NPO をコントロールするのが常態化している．他方，NPO はこの指標設定に関わっていないので，指標は男女共同参画政策の現場との距離感が出ることもある．評価のためといって置かれる指標が，男女共同参画政策の評価ではなく NPO を統制する手段に使われ，しかし男女共同参画政策に貢献しないこともある．

　さらに指定管理者である．この指定管理者の枠組みは NPO に関心を持つ人が反発する一方で，反発しながらも制度を活用できる期待もあり，複雑である．この複雑さには評価も関係している．地方自治体の多くは指定管理者制度とその評価の枠組みに加えて，行政評価の視点も入れてくるからである．すなわち市役所が行う自己評価点検表・ヒアリングは，市役所にとって内部管理に有効なマネジメント情報を入手できるだけでなく，外向け（市民・県・総務省向け）

に使う事務事業評価情報，施策評価情報などを入手する便利なツールにもなる．ただ，この作業量は多いのでNPOにとって負担になるだけでなく，評価の専門知識を持たないと対応不可能である．評価の専門知識とは，「日本評価学会認定評価士」程度の知識であるが，NPO関係者がその資格を持つ例は多くない．もちろん指定管理制度自体は，実質的に入札と業者の選定に関わる仕組みなのでコストとアウトプット測定が中心であるが，ときどきNPO自体がどんなに頑張っても達成できない成果指標（アウトカム）が契約文書の目標指標に置かれて，契約条件にされることもある．

　細かな施設の破損修理・水道料金・光熱費もNPO側の負担になっている契約も多い．これらが契約金額をどんどん浸食するため，残ったところ（人件費）に手を付けざるを得ない．したがって，大学院を出た専門知識を持つベテラン相談員の賃金が実質的に地域の最低賃金以下で，そのうえ残業代は出ない実例もある．2020年の新型コロナ禍で表面化したエセンシャル・ワークの問題（非正規と低賃金）をNPO自らが拡大する形になっている．忘れてはならないのは，ここにも監査（audit）があり，本来であれば業務委託をした役所側が監査対象になるはずであるが，実態はNPOがすべての監査対応業務をすることになる．指定管理者制度は，地方自治体のアカウンタビリティの丸投げにもつながっている．

　つまり，指定管理者制度は行政機関側から見れば，業務の手間を省き，人件費のコスト削減の長所があり，面倒で難解なアカウンタビリティや評価の作業を丸投げできるメリットもある．そのうえ評価によってNPOをコントロールできるため「一石四鳥」の便利なツールとなっている．

（3）不幸な出会い

　このようにして評価を通してみると，現状では多くのNPOと地方自治体とは「不幸な出会い」になっているところが多い．そう考える理由は3点ある．

　1つはNPOの専門性に対する地方自治体の敬意と尊重，いわゆるリスペクトが欠如している問題である．医療行為であれば医師や看護師などの国家資格，保育であれば保育士の専門資格が必要で専門性は理解できるし，尊敬される．だが，NPOが関わるジェンダー政策，自治体の国際化事業，まちづくり・む

らおこし事業，学童保育活動などには専門資格は求められないことが多い．も
ともとこれらの分野は専門性を必要とせず，市町村や都道府県をリタイヤした
人や非常勤職員を雇用する外郭団体が業務を運営してきた経緯もあって，専門
家・有資格者であることは求められず，就労のハードルは低い．低賃金での就
労が一般化するのは，このためである．

　他方で2000年代になって，志を持つNPO関係者は現場での経験を積み，ま
た社会人大学院で専門的知見に磨きをかけ，さまざまな関連学会に所属して研
究を通じて専門家としての資質を向上する人が増えてきた．中にはジェンダー
問題やまちづくり関連で博士の学位を取得し，大学で教え，政府や地方自治体
の審議会や各種委員会の専門委員を務めるNPOメンバーも増えている．しか
し，この専門化の努力を無に帰すのが指定管理者制度である．入札で選定され
る指定管理者には，こうした学位・専門的知見の有無，職務経験，そして利用
者の視点は重視されない．専門的知見に磨きをかけたNPOが，そうでない組
織に入札で「負ける」ことが多く，その時の理由は金額であることが少なくな
い［湯浅 2021b：242-243］．専門家としての矜持が強ければ強いほど，志を無視
したこの屈辱的な入札に耐えられず，多くの志あるNPOは撤退する．

　「不幸な出会い」の第2の理由は，NPOの多くが従事する任務は現場業務で，
総務系の任務から遠く，とくに政策の企画立案でなかったことにある．政策を
実施する現場で下請けとしての労力提供を求める役所側と，社会問題に深くコ
ミットして専門家としてのプロ意識を持つようになったNPO側との志とが食
い違い，ときに衝突する．これも不幸な出会いになったのである．しかも，こ
の不幸は指定管理者制度によって増幅された．

　不幸な出会いと言う第3の理由は，この第2から出てきた．つまり，政策21
や日本評価学会のようにNPOも政策シンクタンクになるべきで，そうした方
向は地方自治体も共有するべきであった．シンクタンクは地域資源だからであ
る．しかし，地方自治体にこの認識がないままNPOの活用（安使い）が続き，
また震災や災害での緊急事態では現場の労力提供者がとりあえず求められ，こ
の緊急状況が繰り返されたことが，「NPO＝労力提供組織」との誤った認識を
広めることになる．高次の専門職志向のNPOが，単純な労力提供を求められ
るのは屈辱である．

　こうして20世紀末から21世紀初頭のさまざまな効率化手段は，NPO の志を砕く評価を強制する結果となっていった．

（4）「政策シンクタンク」としての NPO

　こうした「不幸な出会い」を回避して，新たに NPO の可能性を考える手がかりはある．それは NPO が真の意味で「政策シンクタンク」になることである．

　政策シンクタンクとは「政策」志向を出発点にすることであり，その具体的な仕事は政策助言者をめざした政策リサーチと政策評価，このリサーチと政策評価にもとづいた政策提言である．もちろん政策リサーチと政策評価の内容や技術は政策系の大学・大学院で習得できるが，実務経験も重要である．「机上の空論」「畳の上の水練」では役に立たないからである．もちろん，そのためには研究教育機関（とくに大学院）が「応用」と「臨床」的な性格を志向することも必要である．具体的には，いろいろな政策とその現場についての調査研究のケーススタディを積み重ね，組織的に備蓄することである．

　1980年代に訪れたシンクタンク・ブームから20年を経た21世紀初頭，政策シンクタンクに備わるべき知と特徴は，6種類あると考えられた［山谷 2006：188］．

① 学者政治家：政治家（首長）や大臣になる学者，府省や地方自治体の幹部ポストに就いていた経験がある学者．

② 政策スペシャリスト：特定の専門分野の調査研究や実務に一定期間従事した研究者・教育者，あるいは大学や政府研究機関に所属しつつ，その専門知識を活かし政府や地方自治体の顧問を長年勤めた研究者．公務員が3〜4年で異動を繰り返す人事の慣例を考えると，この政策スペシャリストの存在は大きい．

③ 政策コンサルタント：契約したテーマについてデータ収集・分析を行い，政策分析・政策評価，政策監視の研究を行う．

④ 官公庁に属す政府専門家（government experts）：官公庁職員で政策専門家．官庁を退職後や社会人大学院生として学位を取得すると②になる．

⑤ 政策通訳 (policy interpreters)：政策についてコメントしたり，素人の市民に解説したりする研究者や専門家.

⑥ 政策起業家 (policy entrepreneurs)：政策研究機関を設立し，政策提言を行う研究者や活動家. また政策研究者を育てる.

この 6 種類のうち政策評価の啓発と能力開発 (capacity-building) 活動と実践活動とが同時に求められる時には，②③⑤⑥が政策シンクタンクに必要な専門人材であり，これらの人材をメンバーに持つこと，あるいは育成できることが政策シンクタンクであるか否かのチェックポイントになる.

　ただし，NPO が行う政策評価のミッションで政策シンクタンクの NPO が何をするべきか，どのような実践活動をするべきなのか，具体的な指針が必要だった. そして，これらは難しかった.

　その理由の第 1 は，政策評価を行っている NPO の実例が極めて少ないので説明が難しいことだった. 自身も NPO である日本評価学会のホームページ（2001 年 6 月開設）に登場する日本の評価専門 NPO は，岩手県の「政策 21」だけである. 評価専門の NPO の実例を外国に求め，先進諸国の非営利政策シンクタンクと比較してみることも考えられるが，欧米の非営利政策シンクタンクはその成り立ち，スタッフの質と量，活動資金の潤沢さ，活動それ自体の有効性と社会的ステータスの高さにおいて充実した存在であり，この比較はあまり意味が無い.

　他方，政策評価に無関係・無関心だが，まちづくりや難民支援など実践活動の中身に関わり，その活動を熟知している NPO 専門家は数多く存在した. この NPO 専門家たちの公的活動では，どうしてもその関連する専門の中身（まちづくり・福祉・教育・防災・ジェンダーなど）に目が向き，議論はその専門内容に終始する. 時に，官公庁と意見の対立を招くこともあるので，この対立を緩和するため，間に入ってコミュニケーションを図る役割が必要になった. ここに官公庁と離れたところで行う NPO の政策評価の意義がある. 第三者的な外部の目で評価を実践する NPO が，対立する両者から意見を丁寧に聞いて両者の意思疎通を進めていくところに新たな協働が生まれる可能性がある. しかし，残念ながらこの種の NPO は当時存在しなかったので，参考になる例がなかっ

た．これが第2の理由である．

　政策評価をミッションにする NPO が，何をするのかよく分からなかった第3の理由は，府省の政策評価や地方自治体の評価が影響を受けた NPM マインドとの乖離である．NPM は市場主義，顧客志向，現場への権限委譲，効率重視などを求めるが，それは大都市にある企業経営のビジネス・マインドが大きく支配しており，非営利の市民活動を行う NPO とは次元の違う心である．この違いを整理しないまま NPM 型政策評価に NPO を活用すると，指定管理者制度のように経費削減策に便利な手段として NPO を使うことになる．NPO 自身が経費削減に翻弄された結果，公的な活動から撤退した事例は多い．

　政策評価と NPO との関連が分からなくなる第4の理由は，政策評価を「官」主導で行ってきた歴史にある．政策を企画立案するのが中央府省で，その政策（事業）実施を担当するのは府省の出先機関や所管する独立行政法人・研究開発法人，あるいは府省の下請化した地方自治体・民間事業者である．企画立案が府省なので政策を担当する課室が政策評価を担当し，それを府省大臣官房の政策評価制度担当課がとりまとめる．こうした政策体制ができあがったところに，NPO が加わる余地はない．これが20年続いてしまったのである．そもそも政策の企画立案を支援する政策評価に，NPO の役割は想定されていなかったのである．

✝ 6．政策21の未来
——地域シンクタンクとしての課題——

　大学院で学位を取得したメンバーたちが，自ら経験知や実践知を活用しながら，地域社会の官公庁と市民とを評価で結ぶ．この「結ぶ」作業を政策21は協働（collaboration）の概念で捉えたが，この独特な協働概念にはたゆまない評価理論の洗練と実務能力の研鑽が必要になる．この評価の洗練と研鑽の場を日本評価学会に求めたことが，政策21にとって幸運だった．

　日本評価学会は2000年9月25日に設立されたので，2001年4月13日に設立された政策21とほぼ同時期に誕生したことになる．岩手県立大学講堂で開催され

た政策21の設立記念大会には，日本評価学会の当時の事務局長も参列し，政策21と日本評価学会はそれ以降も交流がある．日本評価学会の理事を兼ねた政策21の元会長（現・顧問）もいる．両者の交流で得られる政策21の大きなメリットは，NPO活動を理論家と実務家が共存する日本評価学会の研究大会で報告し，さまざまな立場の会員から助言を得てきたことである．主な報告は以下のとおりである．

- 第2回全国大会　2001年9月8日（土）
  岩渕公二・鎌田徳幸・堀口光「自治体の政策評価とNPO」
- 第3回全国大会　2002年12月7日（土）
  岩渕公二「自治体の政策評価におけるNPOの機能と課題」
- 第4回全国大会　2003年11月2日（日）
  岩渕公二「外部評価の機能と課題——自治体の事業評価を事例に——」
- 第6回全国大会　2005年12月10日（土）
  南島和久「政策評価と政策研究——岩手県『県民参加型外部評価』の取組み——」
- 春季第3回全国大会　2006年6月24日（土）
  岩渕公二「第三者活用と外部評価——岩手県モデルの考察——」
- 第8回全国大会　2007年11月11日（日）
  岩渕公二「地域の経営と評価能力」
- 第12回全国大会　2011年11月19日（土）
  鎌田徳幸「岩手県における評価制度の展開」
  岩渕公二「政策評価と外部の人材プールとしてのNPO」
- 春季第13回全国大会　2016年5月28日（土）
  熊谷智義・岩渕公二「指定管理者制度導入施設の管理運営に関する第三者評価の実態——岩手県盛岡市の取り組みを事例に——」
- 第20回全国大会　2019年12月8日（日）
  鎌田徳幸「岩手県における県民協働型評価の実態——参加型評価の事例——」
  熊谷智義「岩手県北上市における協働事業の検証——第三者評価の結果よ

り──」
・第22回全国大会　2021年12月5日（日）
　　共通論題：日本における協働型評価とNPO──「政策21」の軌跡──
　　座　　　長：山谷清志（同志社大学／政策21）
　　討 論 者：南島和久（龍谷大学）
　　鎌田徳幸「岩手県県民協働型評価から得られる知見及び課題，今後に向け
　　て──県とNPO，大学が協働で行った評価の実践例──」
　　岩渕公二「盛岡市における指定管理者第三者評価」
　　熊谷智義「北上市の協働事業に関する第三者評価」

　このように，NPOの中核メンバーが定期的に評価の専門学会で報告すること
は，その専門知識を更新，洗練することに大きな意義があるだけでなく，政策
シンクタンクとしての信頼性を確保する上でも重要なポイントである．
　現在までの活動実績とその内容の詳細は本書の各章で述べているが，最後に，
これまでの活動の自己評価と課題を述べたい．
　政策21の大きな長所は，実務のノウハウを持つメンバーと研究者との混成部
隊だという特徴にある．この長所は自治体行政に対する「家庭教師」の機能と
して効用があった．悲惨な大災害の「3.11」の後で日本評価学会の研究大会が
岩手県民情報交流センターで開催された（2011年11月19日～20日）．この第12回全
国大会の共通テーマは「地域主導の評価と復興」である．多くのセッションで
復興のための情報収集について議論が行われ，また2004年のスマトラ島沖地震
やスリランカ津波の復興についても報告されていたが，しかし1つ忘れていた
共通する課題があった．現地政府（県・市町村レベル）職員の能力開発，人材確
保問題が忘れられていた点である．以下はこの点の具体例である．
　大災害の復興プロジェクトについては詳細な報告があり，教訓も語られたが，
現場の実務に携わる人材の課題は見過ごされてきた．この実務とは役所が発注
する復興事業評価，その発注業務の見直しであり，人材とは評価がわかる人材，
評価の業務委託を入札で発注する担当者のことである．たとえば岩手県の沿岸
市町村では，役場幹部職員・一般職員が被災し，そのまま10年以上たっても人
員不足が続くところが多い．全国の地方自治体から応援スタッフが派遣された

時期もあったが，応援スタッフが引き上げた後の役場には行政実務を円滑にこなす体制が整っていないことが多い．新規採用職員に役場の実践を教育する体制も整わないまま，この新規採用職員が即戦力として現場に配置される．この職員たち向けの政策とその評価の教育は後回しにされる一方で，国や県の総務部門から評価を求める指示が増えてきた．

市町村では手が足りないため評価業務を入札で外注に出すが，役場の担当職員はその評価業務の内容を熟知していないので金額だけで業者を選定した．結果として町のことも評価のことも知らない東京のコンサルが受託したが，その評価報告書は何にも使えない．「評価をやった」というアリバイだけの意味しかない．このような場面はいまだに見られる．地域のシンクタンクNPOが活躍する場面がここにあるが，こうしたNPOの存在自体を知らない役場職員も多い．シンクタンクとしてのNPOの課題はここにある．シンクタンクと言えば，業務の下請けで「汗をかく労働力」だと思っている町役場職員の思い込みの一掃が，まず取り組むべき課題なのかもしれない．

他方，地域シンクタンクとしてのNPOがめざすべき評価活動はもう1つある．地方自治体が行っている各種評価をNPOが手助けする活動は維持しながらも，評価全体を俯瞰して各地方自治体の評価を評価する「メタ評価」への取り組みである．この取り組みには全国学会の日本評価学会が大きな助けになることは間違いない．評価理論と現場で行う評価実践との距離を把握し，距離があればなぜなのか，またその実践している評価で本当に正しいのか，課題がないのか，これを知る作業の手伝いを政策シンクタンクが行うのは1つの理想である．もちろん，実践がすべて間違っているわけでもなく，理論がつねに正しいわけでもない．しかし，自分に都合良く評価理論を歪曲している地方自治体が，日本の評価実践にはあまりにも多かったこともまた事実である．おそらく，理論研究も行政実務もできるシンクタンクが得意な分野は，こうした理論と実務との距離感を再確認する中で，改善・修正を促す活動であろう．

これまでの取り組みで忘れていたのは「人」であった．人材の育成が最後に重要な課題として残っている．過疎化で人口が減少しているからこそ求められるのは，評価人材なのである．日本の重要政策課題である少子化・高齢化の中での福祉政策，格差と不利・困難の中での福祉政策の体制や現場を理解し，こ

れらの福祉政策を適正に評価できるスキルを持つ人材，これが求められている
はずである［埋橋 2022a; 2022b］．

＋ お わ り に

　政策評価をめぐる多くの誤算は本章のはじめに指摘したが，政策21の活動が
これらの誤算を修正できたかどうかは簡単に答えられない．ただ，効率だけを
安易に喧伝したマスコミや市民の姿勢は，新型コロナ禍を経験した結果出てき
た新自由主義批判と共に変化してきた．とくにエッセンシャル・ワーカーの困
窮が広く認識される中で，効率と節約だけを主張した「カイカク」は批判され，
特定の政党や政治勢力の選挙戦術によって操作された評価については，是正の
兆しはある．ただし，それがどのような方向に進むのかはまだ見えてこない．
　20世紀末の中央省庁改革，地方分権改革など日本政府のガバナンス改革の熱
が冷めたところを大災害や新型コロナ禍が続けて襲ったため，地域課題を見据
えた評価を反省する仕組み構築は先送りされ，政策評価についても現場からの
声は出にくくなった．忙しすぎたのである．しかし政策評価のシンクタンクと
してのNPOの存在は，先送りされた課題を考え続ける手がかりになるはずで
ある．

参考文献
〈邦文献〉
今井照［2021］「国法によって策定要請される自治体計画リスト」『自治総研』47（515）．
埋橋孝文［2022a］『福祉政策研究入門 政策評価と指標 第1巻——少子高齢化の中の福祉
　　政策——』明石書店．
————［2022b］『福祉政策研究入門 政策評価と指標 第2巻——格差と不利／困難のな
　　かの福祉政策——』明石書店．
総務省自治行政局合併推進課［2010］「『「平成の合併」について』の公表」2010年3月5
　　日（https://www.soumu.go.jp/gapei/pdf/100311_1.pdf, 2021年10月6日閲覧）．
高橋由紀［2015］「地方自治体における男女共同参画政策の評価」，内藤和美・山谷清志編
　　『男女共同参画政策——行政評価と施設評価——』晃洋書房．
田中弥生［2005］『NPOと社会をつなぐ——NPOを変える評価とインターメディアリ
　　——』東京大学出版会．

西尾勝［2007］『地方分権改革』東京大学出版会.

畑本裕介［2021］『社会福祉行政』法律文化社.

林やすこ［2015］「NPO 評価と行政評価の相剋——指定管理者制度と市民参加——」, 内藤和美・山谷清志編『男女共同参画政策——行政評価と施設評価——』晃洋書房.

村松安子［2011］「マクロ経済学のジェンダー化——予算のジェンダー分析——」, 辻村みよ子・編集『壁を超える——政治と行政のジェンダー主流化——』岩波書店.

山谷清志［1997］『政策評価の理論とその展開——政府のアカウンタビリティ——』晃洋書房.

―――［2001］「政策評価とシンクタンク―不幸な出会い」総合研究開発機構『NIRA 政策研究』（特集「シンクタンクの方向性と政策研究」）, 14(4).

―――［2006］『政策評価の実践とその課題——アカウンタビリティのジレンマ——』萌書房.

―――［2011］「政策評価の制度とその変容——効率の主流化——」『法学新報』118 (3-4).

―――［2016］「地方分権改革と財政危機の自治体評価」『日本評価研究』16(1).

―――［2017a］「参加型評価と参加型予算——ポピュリズムと18才選挙権——」『同志社政策科学研究』19(1).

―――［2017b］「政策評価とアカウンタビリティ再考——『18歳選挙権』のインパクト——」『日本評価研究』17(2).

―――［2018］「政策評価における『官』・『学』協働の可能性」『評価クゥォータリー』47.

―――［2020］「評価と評価学」, 山谷清志監修, 源由理子・大島巌編『プログラム評価ハンドブック——社会課題解決に向けた評価方法の基礎・応用——』晃洋書房.

湯浅孝康［2021a］「汚職・腐敗と責任論」, 山谷清志編『政策と行政』ミネルヴァ書房.

―――［2021b］「子育て支援現場の悪化した労働環境」, 藤井誠一郎・山谷清志編『地域を支えるエセンシャル・ワーク』ぎょうせい.

〈欧文献〉

Abelson, D. E.［2018］*Do Think Tanks Matter？: Assessing The Impact of Public Policy Institutes*, third edition, Montreal: MaGill-Qeen's University Press.

Smith, J. A.［1991］*The Idea Brokers : Think Tanks and the Rise of the New Oilitical Elite*, New York: The Free Press.

Urban Institute［1992］*A Japanese Think Tank : Exploring Alternative Models*, Washington, D. C.: Urban Institute（上野真城子監訳『政策形成と日本型シンクタンク——国際化時代の「知」のモデル——』東洋経済新報社, 1994年）.

（山谷　清志）

第2章 地域の政治・行政と政策21の活動
──改革志向と外部評価──

✛ はじめに

　政策21は，2000年秋頃から構想を練り，その年の暮れには設立準備をはじめ，2001年1月の設立総会を経て認証手続きに入り，4月に岩手県からの認証を受け，法人登記手続き等を完了して本格的な活動を開始した．政策21は設立直後から活動が活発化したが，その背景には国・自治体の財政がひっ迫する中での行財政改革の要請，多様なセクターによる社会活動への期待の高まりといった社会環境の変化とともに，改革と住民参加による地域経営を志向した首長の存在があった．

　くわえて，政策21設立の中心的役割をはたした人材は，当時岩手県立大学大学院で指導していた教員とそこで学ぶ社会人院生であった．岩手県立大学では，県立大学として地域貢献を最大のテーマに掲げ，実学・実践の教育とともに，地域課題の解決に向けた学際的教育をめざして総合政策学部を設置し，当時としては全国に数少ない政策評価講座（山谷研究室）を開設した．そして，2000年4月，学部完成前に大学院を開学し，社会人教育に積極的に乗り出す．政策21の設立メンバーはその第1期生が中心で，自治体職員，自治体議会議員，会社経営者，市民団体の代表等，多彩なメンバーが集まり，幅広い視点からの議論が可能な環境があった．こうしたことが政策21の誕生とその後の活動を後押しする要因となった．

＋ 1．地域経営をめぐる首長の姿勢

（1）改 革 志 向

　政策21が設立されてから20年間，活動拠点である岩手県の知事は，元知事の増田寛也（のち総務大臣を努め，現在は日本郵政株式会社社長）とその後任の達増拓也（元衆議院議員）の二人だけである．いずれも当時の新進党から知事（推薦：1995年）と衆議院議員（公認：1996年）に当選した経歴を持つ．政策21の岩手県における活動の歴史を振り返るとき，この二人の知事の存在が関わってくる．

　政策21の活動は，設立直後から活発であった．その背景の1つに，増田知事の改革志向があった．1995年4月に初当選した増田は，知事就任直後から行政改革を志向し，1期4年の間に「行政改革大綱」の見直し（1996年1月），「行財政システム改革指針」の発表（1997年10月），「岩手県中期財政見通し」の公表（1998年2月），「今後の行政運営の方向」の提示（1998年3月），「行政システム大綱」の策定（1999年2月）と立て続けに新たな行政の仕組みづくりを模索し，その間事務事業評価の導入（1997年10月），行政経営品質向上運動および外部診断の導入（1998年5月），公共事業評価の導入（1998年9月），情報公開条例の制定（1998年12月県議会議決，1999年4月施行）に取り組んだ．1999年4月の再選後も，政策評価システムの試行およびパブリックコメントの導入（2000年4月），大幅な組織改革と政策評価システムの本格実施（2001年4月）に取り組み，行政組織の内部から改革をすすめた．その流れが一応の完結を迎えるのは，2003年4月の統一地方選挙で三選をはたし，同年9月の県議会で政策評価制度の条例化がはかられた時点であった．

　増田知事の改革志向の背景には，全国の改革派知事や学識者との活発な交流・連携や全国知事会での活動があった．増田は知事当選直後から，1995年4月の統一地方選挙で当選した同期の知事や，自身と同じく新進党の推薦を受けて当選した知事たちと積極的な交流をはじめ，1997年から北東北三県の知事によるサミットを開催し，県外事務所の共同化や広域観光の推進に取り組むとともに，1998年4月には宮城県・三重県・高知県の知事とともに「地域から変わる日本」推進会議を設立，2001年6月には同会議から「地方財政改革緊急ア

ピール」を提起し，2002年 7 月には地方分権研究会を立ち上げ地域の自立に向けた動きを活発化させた．そして，三選をはたした2003年 4 月，「地域から変わる日本」推進会議を発展的に解消して「地域自立戦略会議」を結成，2003年 5 月には地方分権研究会で「三位一体改革の実現に向けての緊急声明」を発表，2003年 8 月には「新しい日本をつくる国民会議」（21世紀臨調）の「知事・市長連合会議」が岩手県・宮城県・千葉県・静岡県・和歌山県・福岡県の知事の共同で「国庫補助負担金の見直しに関する緊急提言（補助金不要リスト）」を公表するとともに，岩手県・秋田県・宮城県・新潟県・千葉県・福井県・岐阜県・三重県・滋賀県・和歌山県・岡山県・鳥取県・高知県・福岡県・大分県・熊本県の知事でつくる「国と地方の税制を考える会」も削減案を検討，2003年 9 月に岐阜県知事が全国知事会会長に就任すると「闘う知事会」を前面に掲げ，三位一体改革の実現や税財源委譲に向けた働きかけを強めていった．

　増田が知事を退任した2007年 4 月の統一地方選挙で初当選したのが，達増知事である．達増知事の知事選への転出には，初当選当時の「いわば同志のような間柄」であった増田の政治姿勢の変化があり，岩手県内の政治力学が働いた結果であって，増田から達増知事への禅譲という形ではなかった．それでも，首長の改革志向そのものは，達増知事も持ち合わせていたことは，その後の施策展開から見てとれる．

　達増知事は就任後，マニフェストを行政計画に落とし込んだ「いわて希望創造プラン〜県民一人ひとりが豊かな「希望」を抱く県土づくりに向けて〜」を発表し，その後2009年12月には「いわて県民計画　ゆたかさ・つながり・ひと〜いっしょに育む『希望郷いわて』〜」を策定し公表している．その基本的な改革の視点は，① 組織パフォーマンスの向上，② 行財政構造の徹底した簡素・効率化，③ 民間力・地域力が最大限に発揮される仕組みづくり，④ 県と市町村の役割分担の再構築である．とりわけ，組織パフォーマンスの向上と行財政構造の徹底した簡素・効率化を改革方針の上位に位置づけていることは，県庁組織の内部管理を経営理念の大きな柱に据えていたことをうかがわせる．評価についても，選挙中から住民視点による評価の重要性を主張し，「いわて希望創造プラン〜県民一人ひとりが豊かな「希望」を抱く県土づくりに向けて〜」改革編「県民本意の分権改革」の「【改革 2 】民間力・地域力が最大限に

発揮される仕組みづくり」の「(2)多様な主体による公共サービスが提供される仕組みづくり」の取り組みの1つして県民協働型評価を位置づけ，外部評価にも積極的な姿勢を示していた．このことは，達増知事も改革志向と県政への県民参画に対する期待を寄せていたことをうかがわせる．

（2）政治姿勢の変化と地域経営の思想

　増田が県政運営の志向を転換させた背景には，政治スタンスの変化がある．初当選をはたした1995年4月の統一地方選挙では，新進党の推薦候補として選挙戦に臨み，自民党公認の前副知事と共産党公認候補を相手に熾烈な戦いを繰り広げ，勝利した．知事選と同時に行われた岩手県議会議員選挙で新進党会派議員が多数を占めたこともあり，当選後は新進党国会議員の秘書を政務秘書に任命し，1995年7月の参議院議員選挙では新進党公認候補の支持を明言するなど新進党との密接な関係を維持していた．その一方で，国政与党たる自民党の関係者からは冷ややかな対応を受け，1995年12月の予算陳情では自民党国会議員の大臣が知事との面会を拒否するといった事態がうまれ，新進党との関係見直しを迫られた．

　再選をめざした1999年4月の統一地方選挙では，増田は1期4年間の経験を踏まえ共産党を除くすべての政党に推薦を要請し，共産党公認候補との一騎打ちの末，当選をはたした．この年の県議会議員選挙では自民党会派議員が新進党の流れを汲む自由党会派議員を上回り，自民党会派と第三勢力の政和会が連携して自民党会派から県議会議長を，政和会から副議長を選出するといった，対自由党会派への共闘が成立した．結果的に2期目の増田県政は，政党間の駆け引きによる県政停滞を案じた知事の共産党を除く「全方位外交」が功を奏した形で展開することとなった．

　2003年4月の統一地方選挙で三選をめざした増田は，いかなる政党・団体にも推薦要請をせず，純粋無所属の立場で立候補し，共産党公認候補との一騎打ちの末，当選をはたした．同時に行われた県議会議員選挙では，自由党会派が自民党会派を議員数で逆転したものの，単独過半数を獲得できず，県議会の運営をめぐり自由党会派・自民党会派・政和会による駆け引きが激しさを増した．しかし，県議会議長・副議長人事については，県議会第1党の自由党会派から

議長を，県議会第2党の自民党会派から副議長を選出することで決着し，県議会は有権者による選択の結果を踏まえた適切な運営へと落ち着くことになる．

　増田が2003年4月の統一地方選挙を境にして共産党を除くオール与党体制から純粋無所属へ舵を切った背景には，首長と県議会との新たな関係構築に向けた増田の思惑があった．それは真の生活者起点の地域経営を実現するためには，特定の利害を離れた真摯な議論が必要で，そのためには首長と県議会が一定の距離を保ちながら緊張関係の中で審議を尽くすことが不可欠であるとの思いであった．三選出馬にあたり，あらゆる政党・団体への推薦要請をせず純粋無所属で立候補したことも，ローカル・マニフェストを掲げて選挙戦に臨んだことも，政党や業界への政治的依存から脱却し，有権者との契約にもとづく柔軟で力強い県政運営をめざすという意志が働いていた［岩渕 2007：135］.

　知事三選後の増田と県議会の関係を裏づける象徴的事案が，知事自らが夫人の資産公開を義務づけようと提案した「政治倫理の確立のための知事の資産等の公開に関する条例の一部を改正する条例」案である．増田は三選直後の2003年6月以降，県議会へ条例案を2度提出している．条例案を最初に提出した2003年6月県議会では否決され，再提出した2004年2月県議会では継続審議に，2004年6月県議会では再び否決され，知事は条例にもとづかない自主的な夫人の資産公開に踏み切った．このように，増田の行政組織のマネジメント志向から住民参加による地域経営志向への転換の背景には，県議会との関係を含めた政治的スタンスの変化があった．

　首長には「地域経営の責任者」と「行政執行の責任者」の立場があり，「地域経営の責任者」は地域全体の代表として民主主義の手続きにより選ばれた正統性にもとづく立場で，行政活動に限らず地域経営に参画するすべてのアクターとコンタクトすることが求められ，地域経営に関する総合的な活動の調整と貢献が期待されている．初当選直後に増田が取り組んだ行政組織のマネジメント志向は，「行政執行の責任者」としての立場であった．行政組織の能率を上げ，財政の効率的運用をはかり，経済的で有効性の高い施策の選択と実行に向けた改革をすすめることが，当時の知事の基本姿勢であった．

　就任直後行政組織のマネジメントを志向した背景には，建設官僚出身という増田の経歴が少なからず影響を与えていると考えられる．当時の増田は，

「霞ヶ関から地方をみていたときと知事になって後では発想が全く変わった」
［岩渕 2007：161］と発言しているが，その内容は国と地方との関係を語ってい
るにほかならず，議会や住民との関係構築に視点をおいた発言はそれほど強調
されることはなかった．県議会との関係も，増田自らが推薦を受けた新進党の
会派が多数を占めていたことや新進党有力代議士の秘書が知事の政務秘書に就
任したことからシビアな緊張関係に陥ることはなく，比較的スムーズに知事の
職務を遂行することができたことも行政内部に関心をひきつける要因になった
のかもしれない．

　そうした状況に変化が起きるのは，1期目の後半に差しかかった1998年頃か
らであった．前述したように1995年4月知事に就任した増田は，その年の年度
末，新進党推薦で立候補した経緯から予算陳情で与党自民党の大臣に面会を拒
否されるという事態に陥り，国政と地方政治のねじれによる県政停滞の危惧を
実感する．それ以降，仲介した県選出の自民党代議士との接触がはじまり，統
一地方選挙で熾烈な戦いを演じた県議会自民党会派所属県議会議員との関係修
復にも動き出し，徐々に新進党色を薄めていった．そして，1997年12月の新進
党解党により県政界の様相も一変し，増田の政治スタンスにも変化がうまれた．

　一方，1997年は他県知事との連携がはじまった年でもある．1997年11月には
北東北三県知事による知事サミットがはじまり，翌1998年4月には後の改革派
知事連合の母体となる「地域から変わる日本」推進会議を結成し，知事の連携
による政治力の強化に動き出している．そして，当初「目立ちたがり屋の知事
の集まり」と揶揄された改革派知事連合の活動が定着して発言力が増す2002年
頃から増田の政治スタンスはさらに変化し，2003年4月の三選出馬を機に議
会・住民との緊張関係に立脚した地域経営志向へと姿勢を大きく転換した．

　「行政執行の責任者」から「地域経営の責任者」への姿勢の転換により，増
田の県議会や住民へのアプローチも変化した．県議会とは，夫人の資産公開に
関する条例改正案をめぐる対立や県有施設をめぐる訴訟問題への対応の食い違
いなど，それまで共産党を除くオール与党化の下で比較的円滑に推移してきた
知事と県議会の関係が，政策や地域経営に対する互いの理念・思想をもとに意
見をぶつけ合う緊張関係へと変化している．また，住民との関係は，ローカ
ル・マニフェストに公共事業費の削減を盛り込んだことから，岩手県内の雇用

や経済に大きな影響をもつ建設業界の反発をうみながらも，痛みの伴う改革と県政運営の方向を打ち出したことで，有権者の選択に重い責任を課す緊張関係へと転換している．

こうした増田の姿勢の変化には，議会の政策形成能力と県民の成熟を求める政治家としての期待があった．実際，増田が三選をはたし，議会と緊張関係へ移行する2003年4月以降，岩手県議会では議員発議による条例制定が急増し，2003年9月には「県行政に関する基本的な計画の議決に関する条例」，2004年12月には「プレジャーボート等にかかる水域の適正な利用及び事故防止に関する条例」，2005年2月には「動物の愛護及び管理に関する条例」および「いわて教育の日に関する条例」が提案・議決された．知事が自立した地域経営をめざし方針転換した結果，県議会もそれに応える形で政策形成機能を発揮しはじめたといえる．

残るは，県民の成熟であった．次章で詳述する「県民参加型外部評価システム構築事業」は，評価への参加を通じて地域社会の成熟を期待する運動であった．そのため評価手法も県庁の内部評価のような専門性を追及せず，それぞれの実感や意見にもとづく評価を志向しており，参加も県民の主体性を尊重し，県民意識調査のような社会調査で求められる厳密さも求めていない．県民参加型外部評価には，どれだけの県民が評価に主体的に参加し，参加を通じて県政の現状に対する理解を深め，地域自立に向けた自らの行動に結びつくかが問われていた．

達増県政においても，県民参加型外部評価システム構築事業の流れを汲む「県民協働型評価」が続けられてきた．その点では，地域経営の思想は現在まで生き続けており，政策21の活動にも少なからず影響した．

＋ 2．岩手県の評価制度

（1）政策評価

政策21の活動は，岩手県内の自治体における評価，とりわけ岩手県の評価制度導入の動きとも深く関係している．

岩手県の評価制度導入は，1997年10月の「事務事業評価」導入にはじまる．

岩手県の事務事業評価は，県が実施しているすべての事務事業について，それまでの実績にとらわれず客観的な目で見直し，各部局は可能な限り指標による評価・点検を自主的に行うとともに，その結果を予算要求時に総務部に提出して，総務部は各部局から提出された評価調書の内容を予算編成に反映させる目的で，担当部局が事務事業評価調書にもとづき必要性・有効性・効率性の観点から一次評価を行い，総務部財政課が必要に応じて二次評価を行うという仕組みであった．

事務事業評価が導入された翌1998年 9 月，岩手県は「公共事業評価」を導入した．岩手県の公共事業評価は，県が事業主体となって実施する公共工事について，既存事業を対象とした「再評価」と新規事業を対象とした「新規着手評価」を実施することとした．対象はいずれも建設省・運輸省・農林水産省が所掌するすべての公共事業で，再評価は「事業採択後 5 年間を経過した後も未着工の事業」，「事業採択後10年間が経過している事業」，「事業採択前の準備・計画段階で 5 年間が経過している事業」を対象に，「事業の進捗状況」，「事業をめぐる社会情勢等の変化」，「事業着手時の費用対効果分析の要因の変化」，「コスト縮減や代替案立案等の可能性」を基本的視点として評価することとし，新規着手評価は「事業費を新たに予算化しようとしている事業」と「準備・計画に要する調査費を新たに予算化しようとする事業」を対象に，「社会情勢の状況」，「自然環境等の状況」，「事業計画の妥当性」を基本的視点として評価することとした．

その後岩手県は，1999年の総合計画策定を受けて，政策評価導入の検討をはじめる．岩手県は2000年 4 月，総務部に設置した知事直轄の部署である政策推進調査監のもとで政策評価システムの導入に取り組むこととなった．政策推進調査監は，2000年 3 月に三菱総合研究所から提出された「平成11年度岩手県行政評価システム整備調査報告書」を参考に，システムのデザインと評価手法の設計に取り組んだ．構築された政策評価システムは，「成果重視の行政運営への転換」，「効率的で質の高い行政の実現」，「行政の政策形成機能の向上」，「行政の説明責任（アカウンタビリティ）の徹底」を目的に，総合計画に掲げる17の「施策」，78の「分野」，および343の「主要な事業」の各階層を対象とした総合的かつ体系的な評価とし，207の「主要な指標」の評価を基本に，事業の構成，

施策や分野の達成状況について分析・評価することとした．そして，主要事業評価調書と主要指標評価調書，分野評価調書は担当部局で作成，施策評価調書は各部局の自己評価結果をもとに政策推進調査監が作成し，「政策評価・推進会議」に諮る仕組みがつくられた．政策評価システムは2000年度の試行を経て，2001年4月から県庁知事部局で本格実施に移された．そして，先行して実施されてきた事務事業評価と公共事業評価は，政策評価システムに統合され，政策評価システムの中の事業評価として実施されることとなった[1]．

　岩手県の政策評価システムは，1年間の試行を経て2001年4月，県庁知事部局で本格実施に移された．県庁知事部局で本格実施に移された政策評価システムは，翌2002年4月から出先機関である地方振興局でも試行されることとなった．新しい総合計画では，振興局ごとに地域計画が策定されており，その進行管理を進める必要があったためである．そして同年10月，県は政策評価システムを条例化する方針を打ち出す．その目的は，評価対象や評価体系，評価委員会の位置づけを明確にすることで，事業選択の選定となる評価の客観性を高めることにあった．それまで要綱・要領で規定し，県の執行機関内部で運営されてきた評価活動を，条例にもとづく業務に位置づけることで，評価の客観性を高めるとともに，評価の精度を向上させる狙いがあった．

　「政策等の評価に関する条例」は，2003年9月の県議会に提案され可決・成立し，2004年1月から施行された．条例化された政策評価制度の最大の特徴は，評価委員会に調査権限を付与したことと，県議会への報告を義務づけたことであった[2]．条例化は，評価作業の実務面では大きな変化を及ぼさなかったものの，要綱・要領にもとづく評価の時代には自主的公表であった評価結果が，県議会への報告や県民への公表が義務づけられたことにより，アカウンタビリティの強化につながった．その結果，評価に取り組む職員や評価委員会に関与する外部の有識者にも緊張感が生まれ，評価制度全体の質を高めると期待された．

（2）第三者の活用
　岩手県は，政策評価制度導入とともに，評価委員会の設置にも取り組んだ．岩手県は公共事業評価を導入した1998年9月，「岩手県公共事業評価委員会設置要領」を定め，第三者機関として「岩手県公共事業評価委員会」を設置した．

公共事業評価委員会には，当時の県庁の組織体系に沿って「農政部会」，「林業水産部会」，「土木部会」の３部会が置かれた．公共事業評価委員会の委員は，社会学・経済学等に関する学識者および公共事業に関する学識者から18名が選任され，各部会に分かれて審議を担当した．公共事業評価委員会委員の役割は，「再評価」の実施および「新規評価」の実施に係る評価手法の策定・改善に関し意見を述べることで，2001年５月には公共事業評価に追加された継続評価と随時評価も審議対象に追加された．

　政策評価の試行後，岩手県は政策評価における第三者機関設置の検討をはじめる．岩手県は2001年５月，県が行う政策評価の客観性と透明性を確保するため「岩手県政策評価委員会設置要綱」を定めて「岩手県政策評価委員会」を設け，委員の任期を１年とする試行に取り組んだ．委嘱された委員は，政策評価・政策領域の学識者および公認会計士といった専門家６名と，岩手県総合計画の策定（1999年）にあたり総合計画審議会委員を務めた県民の中から５つの小委員会に対応した委員を５名加え，総数11名で構成された．公共事業評価委員会が技術的専門性を追求した布陣であったのに対し，政策評価委員会は総合計画の進行管理を主な目的として，県民感覚を意識した布陣でスタートした[3]．

　この時期，岩手県は外部評価の活用にも積極的に取り組んでいる．最初の事例は出先機関である地方振興局の事業評価の外部評価で，千厩地方振興局が2002年，局内および管内町村に評価の思想と知識，技術を素早く移植するため，評価の専門性を有する団体による外部評価を企画し，地方振興局が所管する２つの補助制度（地域活性化事業調整費と市町村総合補助金）を活用し実施された事業のうち，2000年度と2001年度に採択・実施した事業の中から年度ごと，実施機関（１振興局・６町村）ごとに１事業ずつ抽出し，外部評価を実施した．翌2003年には，２つの補助事業制度を所掌する岩手県地域振興部が外部評価の導入と実施に動き出す．その概要は，新たに「県外部（第三者）意見の反映」，「事業評価のノウハウを有するNPO法人の評価手法の導入」，「評価結果の公表」を行うことと，「評価主体の見直し」，「評価基準の見直し」，「事業類型の見直し」，「事業効果の評価にかかる表記の見直し」，「提出様式の見直し」の実施であった．初年度の2003年度は，盛岡地方振興局と宮古地方振興局の実施事業から22事業を抽出して評価し，2004年度と2005年度は前年度に２つの補助事業制度で

実施した全事業について評価を加え，事業実施団体と振興局による自己評価の検証を行っている．

　事業評価の外部評価導入から 3 年を迎えた2005年 4 月，岩手県は個別の事業ではなく，特定課題の解決に向けて行っている事業群の外部評価に取り組みはじめた．県民の関心が高い身近なテーマを取り上げて検証し，県民からみてわかりやすい評価への改善と今後の施策の企画立案に反映されることを目的に県が実施する特定課題評価と同じテーマで外部評価を実施することとし，そのモデル事業として「県民参加型外部評価システム構築事業」の実施団体を公募した．応募は 1 件で，県内各地の民間団体等に呼びかけ「外部評価プラットフォーム」を結成し，県民の実感にもとづく声を集約するとともに，関係者へのヒアリングやアンケートを通じて対象施策の効果を掘り下げて検証する評価をめざしたものであった．県民参加型外部評価システム構築事業は，2006年度も継続して実施されたが，2005年度とは仕様を変更し，評価の対象は限定せず実施団体の提案に委ね，より自由度の高い外部評価をめざした．公募には県内 8 つの団体から 6 つのテーマが寄せられ，そのすべてのテーマについて外部評価が実施された．評価結果は2006年 9 月末までにまとめられ，10月には県庁関係部局職員に対する説明会も開催された．外部評価の対象となったテーマについて，2007年度以降の施策立案にあたっては，県庁関係部局と外部評価実施団体が協働で行うこととされ，外部評価で得られた情報と提言の有効活用に向けて積極的な取り組みが続けられた．

　岩手県は，2 年間にわたる県民参加型外部評価システム構築事業での実績を踏まえ，2007年度からは「県民協働型評価」に取り組んだ．県民協働型評価の実施にあたっては，評価の知識やノウハウの習得を目的に「県民協働型評価スキルアップ研修会」（計 5 回）を開催し，その内容を『県民協働型評価ハンドブック』としてまとめ公表した．そして2008年 3 月には，県と県内の中間支援NPOで構成する「いわてNPO中間支援ネットワーク」との間で「県の施策の評価および立案に関する協働協定」を締結し，県民がより主体的に外部評価を実施できる環境が整えられた．県民協働型評価の目的は，「多面的評価実施による施策の質的向上」と「県民，NPO，公益法人など多様な主体による政策形成への参画促進」である．前者は，内部評価とは異なる視点と仕組みで，

より県民の実感に近い視点から施策の評価や政策提言を行うことにより，施策の質的向上と推進に寄与することをめざしており，後者は，外部評価を通じて県民やNPO等の県政運営への参画を促し，協働による政策形成の実現をめざしたものであった．そして，この当時の県の外部評価に対する積極的な姿勢が，政策21のポジションを明確にしていった．

┼ 3．活動の概要

（1）団体の特色

政策21の設立目的は，「政策評価の研究と実践，各種研究会やセミナーの開催を通じて政策評価制度の普及をはかり，政策の実務者だけでなく，市民の政策型思考と市民の代表である議会の政策立案能力を高めるとともに，積極的に政策提言を行うことによって，広く公益に寄与しようとする」ことである（政策21定款第3条）．その手段として，すべての政策分野における研究・実践活動を展開することとし（同定款第4条），政策提言，事業受託，講師派遣やセミナー開催等の事業を行うこととした（同定款第5条）．そのため，政策21では，社員（正会員）に政策評価ならびに政策領域での専門性を重視して入会資格を限定し（同定款第6条），具体的には「政策評価に関する研究領域で修士以上の学位」ならびにそれに準ずる実務経験との基準を設け（同理事会決議），現在に至っている．

政策21には，設立直後から自治体や公益法人，労働組合などからの事業依頼が相次いだ．その内容は，評価制度導入支援の業務委託や評価制度検討会へのアドバイザー派遣，職員研修やセミナーへの講師派遣等，幅広いものであった．政策21は活動のキーワードを「交流」「支援」「協働」におき，行政機関，研究機関，民間団体や市民を対象に事業を展開することとした．

なかでも，自治体を対象とした事業の割合が高く，その内容は，評価制度導入にかかる調査・研究，政策評価に関する基礎知識の講演，評価制度導入に伴う職員研修，すでに運用している評価制度の改善に関する助言，外部評価の実施，外部評価の支援等となっている．政策評価の専門性を組織的特長とする政策21の特色を活かした活動を展開してきた．

　政策21への事業要請は，前述した国の評価制度の導入時期や岩手県の政策評価システムの運用，県内市町村の評価制度導入に向けた動きと密接に結びついてきた．政策21が設立された2001年は，国においては前年の地方分権一括法の施行に続き，政策評価法が成立した年度であった．

　一方，岩手県においては，前年知事部局で試行された政策評価システムが本格的に稼動し（2001年），出先機関である各地方振興局で政策評価の試行をはじめた年度であった（2002年度）．県内市町村においても，国の政策評価制度の導入決定，ならびに県および出先機関による政策評価実施を踏まえ，評価思考の啓発と評価制度導入の機運が高まってきた時期であった．

（2）評価制度の導入・運用支援

　表2-1は，政策21の活動初期から中期にかけて受託した評価制度導入および運用支援の一覧である．一覧では，不定期に実施されている自主事業については除外したが，公開で行われるセミナー等には，毎回総務省行政評価事務所の職員をはじめ，自治体職員や自治体議会議員，市民団体の関係者などが参加しており，地域における評価情報のリソースとして活用されてきたことがうかがえる．

　たとえば，2001年度から2003年度にかけて評価制度導入支援を行った岩手県雫石町の場合では，2004年度以降も「推進支援」という事業名による評価制度の運用支援を継続し，2007年度以降は特定テーマについて行政職員と協働で事業評価等を実施するなど，長期にわたり支援し，評価制度の定着と改善，職員の評価マインドの持続と向上の役割を担ってきた．

　また，2004年度から2カ年にわたり支援した福島県原町市（合併後，南相馬市）は，その内容が既存の評価制度の定着と推進のための研修・提言となっており，運用面での支援が中心であった．自治体における評価制度導入の潮流，国の政策評価法施行を見据え，いち早く評価制度を導入した自治体からは，評価制度導入の効果を高めるための支援要請を受け，活動を展開してきた．

（3）外部評価

　評価制度導入および運用支援に加え，政策21の活動初期から要請を受けたの

表2-1　評価制度導入・運用支援事業一覧

実施年度	支援先	支援内容（業務名または概要）
2001	岩手県水沢市	行政評価基本方針策定，政策評価システム改善業務
2002	岩手県水沢市	行政評価基本方針策定業務
2002	岩手県雫石町	行政評価研修および導入基本方針策定支援業務
2003	岩手県雫石町	政策評価導入支援業務
2003	岩手県水沢市	政策評価システム改善業務
2004	岩手県雫石町	政策評価推進支援業務
2004	福島県原町市	事務事業事後評価（試行）指導点検会業務
2004	福島県原町市	事務事業事後評価（試行）検証，行政評価実施に係る提言等
2005	岩手県雫石町	雫石町政策評価推進支援業務
2005	福島県原町市	事務事業事後評価（試行）検証，行政評価実施に係る提言等
2006	岩手県雫石町	政策評価推進支援業務
2006	岩手県奥州市	行政評価職員研修講師派遣
2007	岩手県雫石町	政策評価推進支援業務「農業と観光の一体的な振興」
2008	岩手県雫石町	政策評価推進支援業務「雫石町観光ビジョン及び行動計画」
2008	国際協力機構（JICA）	「アジア地域評価制度フォーラム」講師派遣
2009	岩手県雫石町	雫石町政策評価推進支援業務「定住促進対策」
2009	国際協力機構（JICA）	「アジアおよびアフリカ地域評価制度フォーラム」講師派遣
2010	岩手県雫石町	雫石町政策評価推進支援業務「健康診断事業」
2010	国際協力機構（JICA）	「アジアおよびアフリカ地域評価制度フォーラム」講師派遣
2011	岩手県雫石町	雫石町政策評価推進支援業務「雫石町の地域コミュニティの在り方について」
2012	岩手県雫石町	雫石町政策評価研修会講師派遣
2013	岩手県雫石町	雫石町政策評価研修会講師派遣

出典：政策21の各年度事業報告書.

　が外部評価である．表2-2は，政策21の設立から現在までに実施した外部評価事業の一覧である．

　2002年度の岩手県千厩地方振興局における評価事業を皮切りに，2003度からは岩手県地域振興部の調整費事業にかかる外部評価を担当した．千厩地方振興局の外部評価は振興局による評価制度構築に先駆けて外部評価を実施したこと

表 2-2　外部評価事業一覧

実施年度	支援先	支援内容（業務名または概要）
2002	岩手県千厩地方振興局	地域活性化事業調整費等評価事業
2003	盛岡・宮古地方振興局	地域活性化事業調整費評価研修事業業務
2004	岩手県地域振興部	地域活性化事業調整費外部評価等業務
2004	岩手県住田町	環境省モデル事業評価手法策定業務，モデル事業効果測定・評価業務
2005	岩手県地域振興部	地域活性化事業調整費外部評価等業務
2005	岩手県総合政策室	県民参加型外部評価システム構築業務
2005	岩手県住田町	環境と経済の好循環のまちモデル事業効果測定・評価業務
2006	岩手県住田町	環境と経済の好循環のまちモデル事業効果測定・評価業務
2006	岩手県盛岡市	指定管理者評価支援
2006	岩手県総合政策室	県民参加型外部評価システム構築業務
2007	岩手県総合政策室	県民参加型外部評価システム構築業務
2008	岩手県総合政策部	県民協働型評価実施団体への支援，評価ハンドブックの編集
2008	岩手県盛岡市	指定管理者評価実施団体への支援（評価手法設計等）
2009	岩手県総合政策部	県民協働型評価（評価テーマ：ごみ減量化とリサイクルの促進）
2010	岩手県政策地域部	県民協働型評価（評価テーマ：建設業の業種転換・新分野進出支援策）
2011	岩手県盛岡市	指定管理者制度導入施設における管理運営等に係る第三者評価業務
2012	岩手県政策地域部	県民協働型評価（評価テーマ：新しい公共における NPO 法人の役割とその支援策について）
2012	岩手県盛岡市	指定管理者制度導入施設における管理運営等に係る第三者評価業務
2013	岩手県政策地域部	県民協働型評価（評価テーマ：コミュニティの活性化の新たな可能性について）
2013	岩手県盛岡市	指定管理者制度導入施設における管理運営等に係る第三者評価業務
2014	岩手県政策地域部	県民協働型評価（評価テーマ：岩手県における若者支援策の可能性について）
2014	岩手県盛岡市	指定管理者制度導入施設における管理運営等に係る第三者評価業務
2015	岩手県政策地域部	県民協働型評価（評価テーマ：農林水産業における更なる 6 次産業化等の取組について）
2015	岩手県盛岡市	指定管理者制度導入施設における管理運営等に係る第三者評価業務
2016	岩手県政策地域部	県民協働型評価（評価テーマ：精神障がい者の地域移行支援の取組について）
2016	岩手県盛岡市	指定管理者制度導入施設における管理運営等に係る第三者評価業務
2017	岩手県政策地域部	県民協働型評価推進事業：人口減少社会における多様な主体による公益活動の拡充に向けた支援等の取組について
2017	岩手県盛岡市	指定管理者制度導入施設における管理運営等に係る第三者評価業務
2018	岩手県政策地域部	県民協働型評価推進事業：市町村の地域福祉推進に向けた支援の取組について
2019	岩手県商工労働観光部	岩手県地域創生人材育成事業効果検証業務
2019	岩手県北上市	北上市市民参画と協働の検証業務
2019	岩手県北上市	北上市市民参画と協働の検証報告業務

出典：政策21の各年度事業報告書.

から，外部から内部への評価思考と評価スキルの注入を目的としたものであったが，地域振興部の外部評価は全事業の外部検証を実施したことから，客観性を重視した第三者評価の役割を担っていた.

　2005年度からはじまった県民参加型外部評価システム構築事業は，より多くの機能を担っていた．そのキーワードは，「県民参加型」である．この点について当時の増田知事は，県民参加型外部評価システム構築事業に係るシンポジウムの基調講演『自立した地域経営をめざして〜外部評価で住民参加を』の中で，政策評価への住民参加は「究極の住民参加である」と語っており，政策の意思決定プロセスへの反映を強く意識していた意図がうかがえる．政策21では，2005年度に実施した外部評価の設計において，住民参加を強く意識しつつ，参加型評価の手法を取り入れ，適切な評価の実施に向けた評価手法の設計を行った．すなわち，県民参加型外部評価においては，「住民参加」と「参加型評価」という2つの「参加」をキーワードにシステムの構築と評価が行われた.

　外部評価の要請は，国の補助事業に係る事業評価でも要請が寄せられた．2004年度から2006年度にかけて実施した岩手県住田町の「環境と経済の好循環のまちモデル事業」に係る評価方法の開発と実施である．この事業は，環境省の補助事業で，事業評価を必須項目に挙げられていた．しかし，住田町では，評価に関する外部の専門的知見が必要と判断し，政策21に対して評価方法の提案と事業評価の実施を依頼した.

　指定管理業務に係る外部評価の要請も寄せられた．岩手県盛岡市から受託した「指定管理者制度導入施設における管理運営等に係る第三者評価」である．盛岡市では，2007年度から指定管理業務に係る第三者評価を導入したが，初年度の事業では評価手法や評価結果に対する指定管理者からの異論が出され，2年目の2008年度に政策21が評価手法の設計等の支援を行い，改善を図った．その後，2011年度から第三者評価事業を政策21と株式会社邑計画事務所の共同体が受託し，評価スキーム等を見直して実施し，2017年度まで担当した.

　政策21が実施した外部評価の中で，今後の自治体運営や地域経営のキーワードとなると思われるのが，2019年度に実施した岩手県北上市から受託した「北上市市民参画と協働の検証業務」である．北上市では，早くから行政と市民の協働に取り組んできており，その効果の検証を政策21に依頼した．いわば，

「協働事業」を「協働型評価」で実施しようとしたのである.

　これら外部評価の事例については，次章以降で詳述するが，同じ外部評価の形式による事業でも，政策21が担ってきた役割は，事業実施時期と背景，首長や行政職員の問題意識により変化してきた．たとえば，岩手県の県民参加型外部評価システム構築事業においては，2006年度以降，評価主体の育成と評価への幅広い県民参加をめざし，政策21は評価主体から外部評価の実施主体への知見・スキルの助言・提供を目的とした支援業務にその役割を変えている．また，盛岡市の指定管理者制度導入施設における管理運営等に係る第三者評価においては，2008年度は評価手法設計等の支援であったが，2011年度以降は評価主体となり，事業を実施している．そして，2019年度の北上市の市民参画と協働の検証事業では，市と市民の協働事業を，協働型評価の手法を用いて，当事者から離れた立場で事業評価を行う，という新しい試みにも挑戦している.

（4）政策形成支援

　政策21の活動中期以降要請が続いたのが，総合計画の策定やまち・ひと・しごと創生に係る人口ビジョンと総合戦略策定の支援事業である（表2-3）.

　要請のポイントは，指標の設定や，評価結果をその後の政策プログラムや事業内容の改善につなげる仕組みづくりに関する助言・提案・検証等であった.

　指標に関する相談は，実は政策21設立当初から寄せられていた．各自治体で導入した評価制度は，業績測定が中心であったことから，指標の設定と指標にもとづく評価のあり方について，多くの自治体が悩んでいたためであった．制度設計や職員研修の場でも，指標をどう設定してよいか，設定した指標が妥当かどうか，常に質問が寄せられた.

　また，自治体は単年度予算のため，毎年の事業評価等の結果を翌年度以降の予算にどう反映させるか，地域住民との関係性などで継続せざるを得ない事業の場合，評価結果との関連性をどう整えれば良いのか，行政職員だけでなく，行政からの事業受託や補助を受けている市民団体などからも，同様の相談等を受けていた.

　そうした背景はあったものの，支援内容の中で指標に関する支援の重要性が増すきっかけとなったのが，人口減少社会に対応した持続可能な地域づくりを

62

表2-3 政策形成支援事業

実施年度	支援先	支援内容（業務名または概要）
2010	岩手県雫石町	第二次雫石町総合計画策定支援業務
2015	岩手県雫石町	第二次雫石町総合計画策定支援業務
	岩手県雫石町	雫石町まち・ひと・しごと創生「人口ビジョン」および「総合戦略」策定調査業務
2016	岩手県雫石町	雫石町生涯活躍のまち基本計画策定調査業務
2017	雫石町	雫石町地域包括ケアシステム行動計画策定調査業務
2019	盛岡市	盛岡市まち・ひと・しごと創生総合戦略策定支援等業務
	雫石町	雫石町地域課題解決研究業務
	雫石町	雫石町まち・ひと・しごと創生総合戦略策定支援業務

出典：政策21の各年度事業報告書.

めざす地方創生の戦略づくりであった.

　総合戦略の策定に当たっては，施策ごとに「KPI（重要業績評価指標）」の設定が求められた．従前の総合計画でも，目標指標は置かれていたが，総合戦略の場合，盛り込む政策分野ごとに目標年次（5年後）の基本目標（客観的に測定可能なアウトカム指標）の設定と検証が義務づけられており，総合戦略策定に取り組む自治体にとっては，大きな課題となった．とくに，「測定可能なアウトカム指標」というハードルに，担当者はみな頭を抱えた．自治体で評価がはじまっておよそ四半世紀，同様の悩みは今後も続き，支援を求められるのかもしれない.

注
1）　事務事業評価は，2001年4月の機構改革とともに所轄も総務部財政課から総合政策室政策評価課へと移管した.
2）　条例化された政策評価制度では，「大規模事業評価」も導入された．大規模事業評価は，総事業費50億円以上の大規模公共事業と25億円以上の大規模施設整備事業を対象として実施されることとなった．逼迫する財政状況や環境意識の高揚により，公共事業費のあり方が議論される機会が増え，大規模事業の必要性や有効性，効率性について説明できる評価が求められていたことが背景にあった.
3）　任期が終了した2002年4月，改めて政策評価委員会のあり方が議論され，その結果，政策評価・政策領域の学識者および公認会計士といった専門家7名による編成に変更された.

参考文献

岩渕公二［2007］『外部評価の機能とその展開――行政監視と政策推進――』第一法規.

（岩渕　公二）

第3章 補助事業の外部評価とマニフェストの検証
──行政からの要請と政治からの要請──

✛ はじめに

　政策21の活動において，もっとも特徴的な活動が外部評価である．とりわけ活動初期にきっかけとなった事業が，地域活性化調整費および市町村総合補助金の外部評価と，知事のローカル・マニフェストの検証を目的とした評価であった．前者は，県の出先機関の1つである地方振興局が管内に評価の普及を図ろうとして企画立案した，岩手県内では外部評価の先駆けとなった取り組みで，その後2つの制度を所掌する県庁担当部局による地域活性化調整費および市町村総合補助金の全事業を対象とした外部評価へと展開した．いずれも外部評価の発案は当時の担当職員であり，いわば「行政からの要請」にもとづく評価活動であったといえる．一方，後者は，当時統一地方選挙において潮流となりはじめていたローカル・マニフェストの検証をめざし，知事からのトップダウンで企画された取り組みで，いわば「政治からの要請」を受けた評価活動であった．後者においては，評価スキームの検討段階から政策21が関わり，評価活動への県民参加を前提とした仕組みづくりを進めた．2年目には，評価テーマも評価実施主体からの提案による形式に変更され，のちの「県民協働型評価」へと発展していく．

✛ 1．出先機関によるモデル事業

（1）外部の主体性を重視
2001年4月の岩手県庁知事部局による政策評価システムの本格実施を受け，

翌2002年4月から県内12地方振興局でも政策評価への取り組みがはじまった．12地方振興局のうち独自の取り組みを志向したのが，千厩地方振興局であった．評価制度構築を担当した千厩地方振興局企画総務部地域振興課では，局内および管内町村に評価の思想と知識，技術をすばやく移植するため，評価の専門性を有する団体による外部評価を企画し，実施した．その背景には，千厩地方振興局管内には市がなく小規模な町村で構成されていたため，住民との密接な関係から客観的な評価よりも住民の要望・要求に対する関心が高く，評価への理解と評価制度定着には時間と抵抗が予想されたという状況があった[1]．

千厩地方振興局が外部評価のパイロット事業として企画したのが，「地域活性化事業調整費等評価事業」である．地域活性化事業調整費等とは「地域活性化事業調整費」と「市町村総合補助金」のことで，地域活性化事業調整費は地域の特性をいかした個性ある地域振興をはかるために市町村等が地域課題の解決あるいは地域の活性化を推進する事業を行う場合に要する経費に対して補助する制度であり，市町村総合補助金は地方分権時代に対応した市町村の自主的な地域づくりを支援するために市町村等が岩手県総合計画に掲げる「環境・ひと・情報」の3つの視点を踏まえた事業でかつ市町村等の創意工夫による自主的な活用と認められるものを行う場合に要する経費に対して補助する制度である．地域活性化事業調整費は地方振興局長の裁量で配分されるのに対して，市町村総合補助金は市町村の意向を最大限尊重していることから交付金のような性格の制度となっている．千厩地方振興局では，これら2つの補助制度を活用し実施された事業のうち，2000年度と2001年度に採択・実施された事業の中から年度ごとならびに実施機関（1振興局・6町村）ごとに1事業ずつ計14事業を抽出し，外部評価を実施することにした．

地域活性化事業調整費等評価事業の実施にあたり千厩地方振興局では，外部評価を担当する団体の専門性をいかすため，評価事業実施における評価団体の主体性とイニシアチブを確保する工夫を行っている．1つは評価手法の開発と評価対象事業の選定を評価団体に委ねたこと（地域活性化事業調整費等評価事業委託契約書別記仕様書2および5）であり，事業にかかる著作権を千厩地方振興局と評価団体の共有とし，評価団体が自らの活動として自由に公表することを認めていること（同別記仕様書7）である．契約形態は業務委託契約ではあったが，

仕様書で業務の詳細を定め，契約条項の中で委託者から受託者への統制を明記している従来型の業務委託契約より，受託者側の裁量を確保する工夫が盛り込まれていた．

評価団体が設計した評価手法は，政策の企画立案・実施および活動内容の改善に役立つ情報を提供するため，事前評価の手法も取り入れ，目標として設定した指標値の達成度だけでなく，事業の目的と目的を達成する手段として活動内容が妥当かどうかを論理的に検証する仕組みであった．すなわち，事業目的と手段の関係と前提条件・外部条件の予測を検証する「論理的評価」，事業の効果を検証する「プロジェクト評価」，事業の立案・実施過程を検証する「プロセス評価」の3つの視点から評価調書を開発し，関係者へのヒアリングと事業関連資料の分析をもとに評価を行っている．

論理的評価は，本来事業の企画立案段階で使われるロジカル・フレームワークの思考を取り入れたもので，関係者へのヒアリングと事業関連資料から評価団体が事後的にあてはめ，事業の企画立案段階で不足していた検討事項や不十分だった項目を明らかにするものである．また，プロジェクト評価は，必要性，効率性，有効性，公平性，優先性の5つの観点から関係者へのヒアリングおよび事業関連資料をもとに各項目をチェックし，それぞれの観点について判定するものである．判定にあたっては，住民への説明責任（アカウンタビリティ）の重要性を考慮し，ヒアリングで発言のあった事柄でも明確な根拠のないものや確認のとれないものは除き，厳しく判定した．なお，プロセス評価は，事業の決定過程や実施過程での検証を目的に実施したもので，評価の判定は論理的評価とプロジェクト評価の中に反映するものである．そして，これら3つの視点から評価した結果は，事業ごとに「評価レポート」，「プロジェクト評価調書」，「ロジック調書」の3様式にまとめられ，千厩地方振興局ならびに評価団体のホームページで一般に公表された．

（2）見直し・改善のきっかけ

評価の結果は，総じて厳しい指摘が目についた．ロジック調書では，事業の企画立案段階における検討項目のうち「前提条件」や段階的「成果」，「指標」について「不明」あるいは「検討されていない」と指摘されている事業が多く，

プロジェクト評価調書では，5つの評価の観点をグラフ化した「評価バランス」の均整が不揃いの事業が多い．また，評価レポートでは，すべての事業について課題や改善点が指摘されており，現状分析の甘さや論理的思考の欠如，目的志向の企画立案が十分でなかった実態が浮き彫りになっている[2]．この点について評価団体は，全体的には企画立案段階での論理的思考が不十分な傾向が見られ，具体的には「事業の目的が明確になっていないこと」，「期待している成果が住民への影響といった視点でとらえられていないこと」，「具体的な目標を設定していないこと」ことを指摘している[3]．

　その背景には，評価対象が2000年度および2001年度に実施された地域活性化事業調整費と市町村総合補助金の事業であったため，当時評価制度が導入されていなかった市町村総合補助金については事業の企画立案段階で具体的な目標値を定めている例がほとんどなく，目標の達成度を目安に効果を測ることはできなかったことがあげられる．また，評価制度が導入されていた地域活性化事業調整費についても，地方振興局で評価制度が構築される以前の事業であったため，評価に対する理解が十分にすすんでいなかったことから成果を示す指標になっていない事業が多く，指標を基準にした有効性の判定が難しい状況にあったことがあげられる．より有効性の高い事業の選択をめざすマネジメント志向よりも予算獲得を最優先する行政の実態が，外部評価によって明らかになったのである．

　総じて厳しい結果が出された外部評価であったが，公表された評価結果に対する反応は冷静なものであった[4]．事業採択の権限者である地方振興局長は，厳しい内容ながら外部の1つの視点として評価結果をそのまま公表することを命じたほか，管内の各町村長に対しては評価事業の趣旨を説明し，評価結果の意義を理解してもらえるよう努めることとした．また，評価事業を企画立案した企画総務部地域振興課では，より有効な事業の選択と企画に役立てようと，評価団体が開発した評価手法を活用した「地域活性化事業調整費事前評価シート」を自ら開発し，2003年度以降申請のあった事業について上位計画との整合性や有効性，事業コストの妥当性をチェックすることとした．そして，検討が不足と思われる箇所があれば再度企画の練り直しを助言するなど，より効果的な事業への誘導を行った．

　一方，管内の町村では，議会で外部評価の結果が取り上げられ，評価の対象
となった事業のあり方について議論が交わされたところもあった．その結果，
事業形態を従来の業務委託から実施団体への補助に変更したり，規模を縮小し
ての事業継続を判断したり，事業のあり方や見直しを検討・実行する契機と
なった．

　こうした千厩地方振興局における外部評価のパイロット事業は，評価委員会
による第三者活用とは異なり，内部評価の確認・検証を目的とはしていない．
評価結果が管内町村および議会に対してインパクトを与えた事実は確認できる
が，当初から意図されたものではなく，当初は外部評価の実施により評価の知
識と技術を移植し，より有効な事業の企画立案・実施をめざそうとするもので
あった．

＋ 2．補助事業の事業評価

（1）外部評価の本格導入

　岩手県千厩地方振興局が実施した外部評価のパイロット事業は，地域活性化
事業調整費ならびに市町村総合補助金の事業評価全体に波及した．両補助事業
制度を管轄していた岩手県地域振興部地域振興課では，地域活性化事業調整費
および市町村総合補助金にかかる事業評価への外部の視点の活用と外部評価の
導入をめざし，「地域活性化事業調整費事業評価実施要領」の改正と市町村総
合補助金への事業評価導入に向けた検討をはじめた．

　地域振興課では，2002年度にパイロット的に外部評価を実施していた千厩地
方振興局の評価手法に着目し，地域活性化事業調整費事業評価実施要領の改正
と市町村総合補助金への事業評価導入の検討俎上にのせ，具体的な改正内容と
外部評価の仕組みをデザイン・設計することにした．

　地域活性化事業調整費事業評価実施要領の改正は，新規導入と既存制度の変
更から構成され，新規導入は「県外部（第三者）意見の反映」，「事業評価のノ
ウハウを有する NPO 法人の評価手法の導入」，「評価結果の公表」の３の視点
から，既存制度の変更は「評価主体の見直し」，「評価基準の見直し」，「事業類
型の見直し」，「事業効果の評価にかかる表記の見直し」，「提出様式の見直し」

の5つの視点から導入・変更が加えられた.

　具体的な新規導入点は，県外部（第三者）意見の反映の方策として事業評価のノウハウを有するNPO法人からの意見聴取および評価への反映と地域計画推進懇談会等における意見聴取および評価への反映を，事業評価のノウハウを有するNPO法人の評価手法の導入の方策として評価の視点を勘案した事業企画立案手法の導入と評価基準における評価の視点を必要性・効率性・有効性・公平性および優先性の5つの観点に整理することを，評価結果の公表の方策としては事業評価結果を県のホームページで公開することを盛り込んだ.

　また，既存制度の具体的な変更点は，評価主体については事業評価の事業実施主体（一次評価）と地方振興局（二次評価）で分担することを，評価基準については前述の新規導入を受けて必要性・効率性・有効性・公平性および優先性の5つの観点に整理することを，事業類型については既存の「性質別事業類型」について活動指標・成果指標・目的指標に区分して整理することを，評価結果の表記についてはＡ・Ｂ・Ｃ・Ｄ・Ｅのランクづけから点数・評価バランス複合指数化方式に変更することを，事業評価にかかる提出様式については従来の「地域活性化事業調整費事業・評価調書」から事業申請時の「地域活性化事業調整費事業企画調書（様式１）」と事業完了時の「地域活性化事業調整費事業評価調書（様式２）」および評価バランスを示した「様式２（別紙）」に刷新することを盛り込んだ.

　このように，地域活性化事業調整費事業評価実施要領の改正には，千厩地方振興局が2002年度に実施した外部評価のパイロット事業と，それに関わった評価団体のノウハウと意見が大きく作用している.

　なお，地域振興課では委託契約に際し，外部評価におけるNPO法人の主体性とイニシアチブを確保するため，契約条項と仕様書の規定に配慮している.具体的には，業務委託契約書第２条（実施状況の報告等）第２項に甲の指示を受ける内容として「調査活動および分析の報告に関する事項以外」という制限を加え，委託者側の評価そのものへの干渉を防ぐとともに，第４条（措置の指示）第１項に甲が適合させる措置をとる際「事由を明確」にすることを明記し，業務内容に関する委託者側の関与の透明性を高めている.また，仕様書では，聴き取りやヒアリングの実施に関する方法や調査内容について甲から乙への「指

定」や「指示」という文言を削除するとともに，「乙が専門的知識によりデザインした」調査内容で実施することを挿入し，調査の実施と結果のとりまとめに関する受託者側のイニシアチブを確保した．さらに，千厩地方振興局による外部評価のパイロット事業と同様，事業にかかる著作権は委託者・受託者共有とすることを定めており，受託者側の主体性の保障に努めた．こうした努力は，外部評価の要件としてもっとも重要な評価主体の自主性とイニシアチブを確保する前提条件となり，業務委託の形態をとりつつも外部評価としての機能をはたす環境が整えられたことになる．

（2）抽出評価から全事業評価へ

　地域活性化事業調整費事業評価実施要領の改正を受け，岩手県地域振興部地域振興課では，2002年度に実施された地域活性化事業調整費事業にかかる外部評価「地域活性化事業調整費評価研修事業」を実施した．外部評価を委託された政策21では，評価の対象となる2002年度の地域活性化事業調整費事業が実施要領改正以前の事業であったことから，実施要領改正後の評価手法にもとづき外部評価することは困難であるため，抽出事業を対象とした評価・調査を実施することを提案し，盛岡地方振興局と宮古地方振興局管内の22事業を対象としたヒアリングにもとづく評価と，その他10地方振興局の60事業を対象とした電話等による聴き取り調査を実施した．

　抽出事業の評価および調査は，「県民視点に立った事業立案」，「成果重視の行政サービスの提供」，「説明責任の確保」，「効率的で質の高い行政運営」の4つの視点から実施された．22事業のヒアリングは事業実施者に必要と考えられる行動を10項目36問の質問により実施し，その結果は各問1点を配点とし合計36点満点で集計されている．各事業の得点は，「事業の必要性」，「事業計画の適切性」，「事業実施の適切性」，「事業評価の適切性」ごとに9点満点で表記され，事業実施者に見られる長所と短所を分析している．また，60事業の聴き取りは，事業採択者に必要と考えられる行動を8項目21問の質問により行い，その結果は各問1点を配点とし合計21点満点で集計されている．各事業の得点は，「計画状況の確認」，「実施状況の確認」，「評価作業状況」ごとに7点満点で表記され，事業採択者に見られる長所と短所を分析している．

　評価および調査の結果の全体傾向としては，事業実施者の状況として「課題が明確に把握された事業は必要性の得点が高く，計画・実施の管理が適切に行われている」ことと，「事業評価の適切性は課題の把握状況や管理の状況に関わらずすべての事業に共通して点数が低い」ことが報告されている．また，事業採択者の状況としては「振興局ごとの管理状況の違いが明らかであり，担当者の事業管理能力により状況が異なると考えられる」ことが報告されている[5]．

　なお，外部評価導入初年度となった2003年度は，本庁による地域活性化事業調整費の利用が制度的に認められていなかったため，22事業の抽出対象となる盛岡地方振興局と宮古地方振興局の共同事業として地域活性化事業調整費を活用して実施することになった．そのため，外部評価を企画した地域振興課と事業委託者となった地方振興局との間で，制度管理者と制度運用者という立場の違いとそれぞれの思惑にもとづく駆け引きが繰り返され，評価対象事業の抽出やヒアリングの実施に手間取った実態が報告されている．そうした反省を踏まえ地域振興課では，2004年度の外部評価実施にあたり地域活性化事業調整費交付要綱を改正し，本庁による地域活性化事業調整費の利用を可能にしたうえで実施に移している．そのことにより制度管理者による外部評価の位置づけが明確になり，外部評価の機能も絞られることとなった．

　外部評価導入から2年目を迎えた2004年度の外部評価「地域活性化事業調整費外部評価等事業」では，評価の対象が2003年7月の地域活性化事業調整費事業評価実施要領の改正に適応した事業であることから，2003年度に実施された全事業について各事業の事業企画調書と事業評価調書にもとづく外部評価を実施することとし，あらためて評価手法の開発を行った．具体的には，政策評価の手法として知られる「セオリー評価」，「プロセス評価」，「アウトカム評価」の視点から17のチェック項目を設定し，合計100点満点の点数表記で評価を行った．

　政策による目的達成の前提となっているインプットからアウトカムまでの因果関係を検証するセオリー評価の視点からは，「現状に対する課題認識の妥当性」，「上位目的に対する事業目的設定の妥当性」，「事業目的に対する受益者認識の妥当性」，「事業目的に対する対象者設定の妥当性」，「事業目的に対する活動量の妥当性」，「事業目的に対する活動の質の妥当性」(以上，重点項目)，「目

的指標の妥当性」,「成果指標の妥当性」,「活動指標の妥当性」の9項目を設定した.

　また,政策の受益者への到達状況等とその実施状況を点検するプロセス評価の視点からは,「事業目的達成に対する活動の貢献度」,「成果の出現状況と活動内容との因果関係」（以上,重点項目）,「事業実施過程における非効率の存在」,「目的の出現状況把握の妥当性」,「成果の出現状況把握の妥当性」,「活動の結果（産出）把握の妥当性」の6項目を設定した.

　事業企画調書ならびに事業評価調書から事業目的達成の可能性を推測するアウトカム評価の視点からは,「事業目的達成の可能性」（重点項目）,「課題発掘の有無」の2項目を設定し,それぞれ重点項目は8点,それ以外の項目は4点を満点とした.

　評価の結果は,対象444事業のうち最低37点で最高86点,全事業の平均点が63.89点という状況であった.あわせて地域活性化事業調整費事業評価調書の評価バランスの再評価も行っており,いずれの事業も地方振興局による二次評価結果よりも厳しい値が示された[6].それらの結果は,各地方振興局ならびに各事業実施機関にも示され,事業評価調書の見直しと次年度以降の事業の企画立案および事業採択の参考に使われた.なお,2005年度の外部評価も2004年度と同じ手法で行われており,年度別の比較によって外部評価の効果が測られた.

　こうした地域活性化事業調整費に係る外部評価は,評価結果自体は内部評価の確認・検証ではあったが,外部評価の実施を前提に制度改正と評価手法の見直しが行われたことは,外部の主体性をいかしながら,組織内部および事業の利害関係者へのインパクトをねらった取り組みであったといえる.

十 3．県民参加型外部評価システム構築事業

（1）ローカル・マニフェストの検証

　増田寛也知事（当時）の三選直後から本格導入された岩手県の外部評価は,事業評価から特定課題の総合評価へとその対象が展開する.そのきっかけは,2003年4月の統一地方選挙で知事が掲げたローカル・マニフェストの存在であった.ローカル・マニフェストは検証可能性がもっとも重視されるものであ

る．知事は三選直後からNPO等によるローカル・マニフェストの評価を模索し，このことを雑誌やシンポジウムで公言していた⁷⁾．実際，知事は選挙後に，知事直轄の政策担当職である岩手県総合政策室の首席政策監にNPO等による外部評価の検討を指示し，当時前述の地域活性化事業調整費の外部評価を担当していた団体と接触してその可能性を探っている．首席政策監は，目標・成果が共有できればその到達度はすべての立場から検証できると考えていた⁸⁾．

しかし，その後，岩手県知事も参加していた「地方分権研究会」でマニフェスト評価の検討がはじまり，岩手県内の動きは一旦止まることになる．地方分権研究会では，2003年10月，岩手県・宮城県・岐阜県・和歌山県・福岡県・佐賀県と三菱総合研究所・日本総合研究所・UFJ総合研究所・朝日監査法人で構成されるプロジェクトチームを設置し，政策評価を支援する全国的なサポートシステムの検討をはじめたが，各県の思惑が交錯し，市場形成にも疑問が生じはじめたことから，全国的なサポートシステムの構築は頓挫する．そして，ローカル・マニフェストの評価には各県がそれぞれの事情に応じて取り組むことになった．

地方分権研究会のプロジェクトチームにおける検討結果を受け，岩手県総合政策室の首席政策監はあらためて地域活性化事業調整費の外部評価を担当していた団体と接触をもち，岩手県における外部評価システムの構築に取り組みはじめ，知事がローカル・マニフェストに掲げた重点課題の外部評価実現に向けて動き出した．

ローカル・マニフェストを行政機関が政策として推進するためには，行政計画に位置づけることが必要となるが，岩手県でも知事のマニフェストを総合計画の中に位置づける作業が行われた．知事はマニフェストの中で「青森県境産業廃棄物不法投棄事案への取り組みと循環型社会の形成」と「雇用対策」を緊急優先課題に，「21世紀型の新しい産業先進県」，「環境首都を目指す環境先進県」，「新しい時代を担う人づくり教育先進県」，「バリアのないユニバーサル社会先進県」，「安心して暮らせる社会先進県」，「スローライフを基調とした『食』と『森』先進県」，「だれでもいつでも情報を受発信できる情報先進県」を重点施策に掲げ，行政システムの進化として「生活者視点の新しい地域自立型マネジメントシステム」の構築を掲げていた．それらを行政計画にブレイク

ダウンしたものが，2003年10月にまとめられた「"誇れるいわて" 40の政策〜
自立した地域社会の形成に向けて」（知事公約の県政策としての具体化策）であった．

　「"誇れるいわて" 40の政策」には，項目ごとに目標値・対応の方向・所管部
局・年度別計画が示され，その後の検討や取り組みの状況に応じて毎年度内容
を更新することと，毎年度評価し進行管理することが明記されていた．そして，
岩手県総合政策室が毎年度政策項目ごとに評価を行い，その実績を目標達成状
況と総合評価，今後の方向にまとめた「誇れるいわて40の政策マニフェストレ
ポート」として公表した．2003年度実績では，「順調に推移している」が 9 項
目，「概ね順調に推移している」が 5 項目，「やや遅れている」が13項目，「遅
れている」が 4 項目となっており，総合評価は「やや遅れている（評価指数
1.31）」と判定されている．また，2004年度実績では，「順調に推移している」
が11項目，「概ね順調に推移している」が 4 項目，「やや遅れている」が10項目，
「遅れている」が 8 項目となっており，総合評価は「やや遅れている（評価指数
1.25）」と判定されている．いずれも控えめの印象ながら，判定の基準となる
目標数値の適切さや根拠として使用しているデータの的確さに関する検証まで
踏み込んでいないことから，目標数値の達成状況の管理はできているものの，
政策手段そのものの有効性や目標達成への貢献度を検証・議論できる情報とは
なっていない．その点では，政策供給者側の論理の枠内での議論となっていた．

　ちなみに，岩手県におけるマニフェストレポートの作成は，政策評価システ
ムのフレームとは別に行われていたため，関与する職員の負担は大きい．とく
に，知事が三期目の折り返しを迎えた2005年度は，マスコミや県民の関心もマ
ニフェストの達成状況に向けられたことから，ことさら神経を使う作業となっ
た．それでも，「内部評価」との批判の目が向けられている状況をみるかぎり，
ローカル・マニフェストに関する評価は行政機関による評価よりも第三者機関
による外部評価に適している．ローカル・マニフェストの達成状況に対する有
権者の関心は，行政機関ではなく首長に向けられており，マニフェストのアカ
ウンタビリティも，行政機関ではなく首長に求められているからである．

　ちなみに，2005年 8 月に岩手県が公表したマニフェストレポートでは，「"誇
れるいわて40の政策"『40の政策』評価レポート」とタイトルが変更されてお
り，「マニフェスト」という文言が削除されていた．マニフェストが極めて政

治的なツールであり，その評価も行政機関による評価の射程を超えていることからマニフェストの文言の使用を避けたものであるが，マニフェスト型選挙が急速に普及している中で行政機関による評価の限界を示す一例である．

（2）外部評価のテーマ設定

2005年4月以降，岩手県は外部評価モデルの構築に取り組むことになるが，それに先立ち岩手県は，総合計画の進行管理を目的とした政策評価システムとは別に，特定の施策の成果や課題等を掘り下げて検証する「特定課題評価」の試行をはじめた．これは，県民の関心が高い身近なテーマを取り上げて検証し，県民から見てわかりやすい評価への改善と今後の施策の企画立案に反映されることを目的に導入したもので，初年度の2005年度は「高齢者の介護予防」と「若年者の就業支援」を対象に実施した．

対象とするテーマの選定にあたっては，総合計画の策定後隔年で行われ，2005年度以降毎年度実施することになった県民意識調査の結果をもとに，県民の関心の高い分野から抽出されたものだが，いずれのテーマも知事のマニフェストに掲げられた緊急優先課題の1つ「雇用対策」と重点施策の1つ「安心して暮らせる社会先進県」に位置づけられている内容であることから，マニフェストの達成状況の測定と課題抽出を意識した評価であることは明らかであった．

特定課題評価では，評価の前提として投入から最終成果までのプロセスを論理的に検証する「ロジックモデル」の考え方を取り入れ，活動結果（output）・中間成果（outcome）・最終成果（impact）ごとに仮説を立ててモニタリングする手法を採用した．評価結果は，施策の体系ごとに成果の検証を行い，施策の必要性・有効性・効率性の観点から総合評価をまとめている．そして，評価結果にもとづき施策の課題を抽出し，今後の対応を示している．なお，特定課題評価は所管部局が実施・とりまとめ，岩手県政策評価委員会政策評価専門委員会での審議を経て，「政策評価・推進会議」へ付議，議会への報告，県民への公表が行われた．

岩手県は2005年4月，特定課題評価の実施と並行して外部評価のモデル事業を公募した．公募は県のホームページに掲載されたほか，県内各NPOに書面で通知し，幅広い参加を呼びかけた．募集した事業の名称は「県民参加型外部

評価システム構築事業」で，民間団体が中心となって住民参加型の評価システムを構築し，県民の視点に立った評価の実現をめざしたものであった．約1カ月間の募集期間に提案された企画案は1件で，提案された企画案は外部の有識者を含む審査会で審議され，提案に対する審査委員の意見を付して採用を決定している．

　提案されたモデル事業は，社団法人日本青年会議所東北地区岩手ブロック協議会を中心に，県内各地の民間団体等に呼びかけ「外部評価プラットフォーム」を結成し，県民の実感にもとづく声を集約するとともに，関係者へのヒアリングやアンケートを通じて対象施策の効果を掘り下げて検証する評価をめざした．また，評価手法の開発と評価結果のとりまとめに際しては，住民参加や社会調査，対象施策分野の有識者からなる「アドバイザリーボード」を設置して助言を求め，専門性と客観性の確保に努めることとした．

　なお，県民参加型外部評価の対象テーマは，岩手県庁の内部評価で特定課題評価の対象となった「高齢者の介護予防」と「若年者の就業支援」であった．これは県民参加型外部評価の結果と，県庁が行った特定課題評価の結果を比較し，各施策における課題の抽出を意図したもので，内部評価と外部評価を行政運営および地域経営の「車の両輪」として活用しようとする知事の意思が反映されたものであった．

　県民参加型外部評価システム構築事業は，2006年度も継続して実施された．実施にあたっては，2005年度とは仕様を変更し，評価の対象とするテーマおよび評価手法を実施団体の裁量による提案とした．これは，県庁の内部評価とのリンクを前提としたテーマによる外部評価では，かなりの専門性が要求されることと，調査作業が広範・複雑になり実施コストがかかることを考慮するとともに，より県民視点での課題抽出と外部からの政策提言を重視したためであった．

　公募には県内9つの団体から6つのテーマが寄せられ，そのすべてについて外部評価が実施された．外部評価の実施団体と評価手法は，**表3-1**のとおりであった．なお，2005年度の企画提案・受託団体であった政策21は，外部評価の普及と実施団体の育成のため，外部評価の中間支援業務を担当し，評価対象の設定や評価方法の確定，評価結果の分析・取りまとめなどについて相談・助

表3-1　2006年度「県民参加型外部評価システム構築事業」実施状況一覧（順不同）

社団法人日本青年会議所岩手ブロック協議会 いわて40の施策検証委員会	
評価テーマ	中心市街地活性化施策
評価の手法	アンケートの実施，ワークショップの開催

NPO法人 いわて芸術文化技術共育研究所	
評価テーマ	「いわてらしさ」の実現に向けた政策
評価の手法	アンケートの実施，グループワークの実施

NPO法人 いわてNPOフォーラム21，特定非営利活動法人 いわて子育てネット	
評価テーマ	子育て支援・少子化対策
評価の手法	アンケートの実施，ワークショップの開催

NPO法人 いわてNPO-NETサポート	
評価テーマ	岩手県事業における協働プロセス
評価の手法	アンケートの実施，ワークショップの開催

NPO法人 いわてNPOセンター	
評価テーマ	グリーンツーリズム
評価の手法	アンケートの実施，評価委員会の開催

NPO法人 いわてユニバーサルデザインセンター	
評価テーマ	ユニバーサルデザイン
評価の手法	アンケートの実施，ヒアリングの実施

出典：岩渕［2007：126］．

言を行った．

（3）評価委員会との区別

　岩手県が重点施策の外部評価を導入するに際して課題となったのが，条例化された評価委員会との機能分担であった[9]．岩手県では，1998年に公共事業評価委員会，2000年に政策評価委員会を設置し，2003年9月の条例制定による再編を経て，2004年1月より政策評価専門委員会・公共事業評価専門委員会・大規模事業評価専門委員会の3専門部会からなる岩手県政策評価委員会を設置し，有識者による調査審議を行っていた．その立場は，知事の附属機関（条例第8条）であり，第三者委員会としての位置づけがなされていた[10]．第三者委員会の設置は県が行う評価の客観性を確保することが目的であり，第三者委員会に加え外部評価を実施する目的を明確にする必要があった．

　重点施策の外部評価を検討していた岩手県総合政策室経営評価課では，外部
評価導入の目的を知事のマニフェストと県民参加の視点から次のように整理し
ている.

- ・岩手県が行う外部評価では，2003年4月に行われた統一地方選挙におい
　て県民から広い支持を得た知事のマニフェストにもとづき体系化された
　「誇れる40政策」の成果を測定する.
- ・すでに総合政策室経営評価課では内部評価を行い「マニフェスト評価レ
　ポート」として公表しているが，内部評価が内包する課題や危惧，懸念，
　すなわち評価の客観性と評価結果への県民の多様な価値観の反映を確保
　するため，外部評価を実施する.
- ・岩手県が取り組む外部評価は，県庁各部局が実施している内部評価の手
　法をなぞり内部評価結果の確認にとどまるものではなく，「誇れる40政
　策」の成果を内部評価とは異なる視点からアプローチして評価を行い，
　内部評価の結果と比較検討する中から県政に対する県民の関心と志向，
　ニーズの把握をめざすものである.
- ・岩手県が行う外部評価は，県民自らが評価者となる県民参加型の評価と
　することで，評価を通じて県政への県民参加を促進し，県民の協働プロ
　グラムへの積極的な参画と県民の自立を促す活動である.

　岩手県政策評価委員会は，2000年度の政策評価委員会の試行を除いては専門
性志向とはいえ，審議対象も内部評価の手法と個別案件の検証であり，内部評
価を補完する機能ととらえることができる[11].その意味では広義の内部評価と位
置づけられ，第三者委員会と位置づけられていても「外部評価」とは異なる機
能といえる.それら評価委員会と外部評価を含め岩手県が行っている評価等の
機能を整理したのが，表3-2である.
　岩手県は，2005年度・2006年度の2年間にわたる県民参加型外部評価システ
ム構築事業での実績を踏まえ，2007年度からは「県民協働型評価」に取り組ん
だ.県民協働型評価の実施にあたっては，評価の知識やノウハウの習得を目的
に「県民協働型評価スキルアップ研修会」（計5回）を開催し，その内容を『県
民協働型評価ハンドブック』としてまとめ，公表した.そして2008年3月には,

表3‒2　岩手県が行う外部評価と既存制度との機能性の比較

制　　度	目　　　的	活動の関心	政策課題の把握	多様な価値観の反映	県民参加の促進
県庁の内部評価	マネジメントの確立と透明性の確保，行政活動の効率化・能率向上	個別事業の採否個別事業の有効性の証明行政活動の継続	弱い	弱い	弱い
政策評価委員会	内部評価の制度的・技術的検証，内部評価システムの質の向上と維持	専門性の追求内部評価結果の検証内部評価制度の有効性	やや弱い	弱い	弱い
県民意識調査	県政に対する県民の意識とニーズの把握	県民意識の傾向県民の政策的欲求行政施策の重点化に結びつく情報	強いが，一般的傾向の把握にとどまる	弱い	やや強い
外部評価	評価の客観性と多面的アプローチの確保，政策の過不足の把握	県政の政策的効果に対する県民の実感施策と実態のズレ	やや強い	強い	強い

注：上記比較は，岩手県が県民参加型外部評価システム構築事業の導入に際し議論した論点を抽出したものであり，内部評価と外部評価の機能すべてを比較したものではない．
出典：岩渕［2007：129］．

知事と県内11の中間支援NPOで構成する「いわてNPO中間支援ネットワーク」との間で「県の施策の評価および立案に関する協働協定」を締結し，県民がより主体的に外部評価を実施できる環境が整えられた．

　岩手県における外部評価は，このように展開してきたが，それぞれの場面で政策21がはたしてきた役割は，活動のキーワード「交流」「支援」「協働」の実践そのものであったことがわかる．

　注
1）　千厩地方振興局による外部評価のパイロット事業を企画・実施を担当した佐々木敬（2002年度岩手県千厩地方振興局企画総務部企画振興課主事）と筆者が2005年7月28日に岩手県庁で面談した際の発言にもとづく．
2）　評価レポートの内容について，2003年5月3日付の岩手日報朝刊では「総じて厳しい内容」と論評している．また，2003年11月2日・3日に立命館アジア太平洋大学で開催された日本評価学会第4回全国大会のセッション9では茨城大学教授の杉下恒夫がその厳しさを指摘している．

3）　NPO法人政策21「地域活性化事業調整費等評価事業─総括レポート」.

4）　前出，佐々木敬と筆者の面談した際の発言にもとづく.

5）　NPO法人政策21「平成15年度地域活性化事業調整費評価研修事業報告書」.

6）　NPO法人政策21「平成16年度地域活性化事業調整費外部評価等業務報告書」.

7）　増田［2003：124］，UFJ総合研究所国土・地域政策部［2004：235］，2004年9月8日に早稲田大学で開催された「第1回ローカル・マニフェスト検証大会」における岩手県知事の発言.

8）　2003年度首席政策監を務めた今泉敏郎と筆者が2005年8月2日に面談した際の発言にもとづく.

9）　2004年から岩手県総合政策室経営評価課政策評価担当課長を務めていた菅原伸夫と筆者が2005年7月29日に面談した際の発言にもとづく.

10）　2004年1月19日に開催された平成15年度岩手県政策評価委員会資料No.3より.

11）　2005年2月17日に開催された平成16年度第2回岩手県政策評価委員会において，金沢道子委員の質問に対して菅原伸夫経営評価課政策評価担当課長は，「政策評価委員会は県の考え方に沿って，それが適切かどうかご意見をいただいているという意味では，内部評価の一環」との認識を示している.

参考文献

岩渕公二［2007］『外部評価の機能とその展開──行政監視と政策推進──』第一法規.

増田寛也［2003］「『知事公約』が職員の態度をがらりと変えた」『中央公論』118(8).

UFJ総合研究所国土・地域政策部［2004］『ローカル・マニフェストによる地方のガバナンス改革　自治体が変わる，地域も変わる』ぎょうせい.

（岩渕　公二）

第4章 | 岩手県県民協働型評価から得られる
知見および課題，今後に向けて

──県とNPO，大学が協働で行った評価の実践例──

╋ は じ め に

　岩手県では，2003年に「政策評価等に関する条例」を制定し，政策評価や事務事業評価，公共事業評価に積極的に取り組んできた．これらの評価制度のほか，NPOやその他団体が評価実施主体となる参加型評価制度「岩手県県民協働型評価」も制度化し，2007年度から12年間にわたり実施してきた．

　本章では，岩手県県民協働型評価の制度化に至る背景や概要を述べながら，岩手県県民協働型評価を行う評価主体の評価リテラシーの向上に向けた『協働型評価ハンドブック』の内容や大学とNPOが行った評価実践例を紹介する．

　また，直近5年間の岩手県県民協働型評価の実施状況を分析するとともに，実践例から得られる課題を整理し，地方自治体と住民が参加型評価に取り組む際の知見も提示する．

╋ 1．岩手県県民協働型評価の概要

（1）県民協働型評価までの取り組み

　県民協働型評価までの経緯については，第3章でもふれているが，改めて整理すると以下のとおりである．

　岩手県では，1997年度に事務事業評価，1998年度に公共事業評価を導入し，2001年度から政策評価を導入している．2003年9月には「政策評価等に関する条例」を制定し，2004年1月に施行された．当時，多くの地方自治体が政策評価や事務事業評価の根拠規定を行政の内部手続きを定めた規則や要綱としてい

たところ，県の評価制度を条例で定めたことは，先進的な取り組みであった．

　さらに県は，2005年度および2006年度に「県民参加型外部評価」を実施し，2007年度から2018年度まで「岩手県県民協働型評価（以下「県民協働型評価」という）」を実施している．

　県民協働型評価の前身となる県民参加型外部評価では，初年度，知事のマニフェストの検証を意図して「高齢者の介護予防」と「若年者の就業支援」の2テーマで評価が行われた．この評価の試行に対しては，県の重要事項の評価が行うことができるという反面，評価者が評価テーマを理解するまでに時間を要することなどの意見があったため，翌年度には，評価対象と評価手法を評価実施主体の提案に委ねる企画提案型の評価制度に見直しが行われた．

（2）県民協働型評価の概要

　県では，2年間の県民参加型外部評価の経験を基に，2007年度に県民協働型評価をスタートさせている．初年度は，企画提案による協働型評価のほか，評価実施主体の評価リテラシー向上のため，評価に関するノウハウを習得できる「県民協働型評価スキルアップ研修会」を5回開催するとともに，研修内容をとりまとめた『県民協働型評価ハンドブック』を作成・公表している．

　まず，2018年度の県民協働型評価推進事業実施要領（以下「実施要領」という）および県民協働型評価企画提案書・見積書作成要領（以下「作成要領」という）から県民協働型評価の概要を見てみる．

　県民協働型評価の目的は，県の内部評価とは異なる県民の視点で県の施策に対して評価，提言を受けることにより，多様な主体の政策形成への参加を促進するとともに，県の施策の質的向上を資することとしている．

　評価実施主体は，県内に事務所を有するNPO等の法人その他の団体や県内に居住する2以上の個人により構成するグループ等としている．幅広く評価実施主体を求める姿勢が見て取れる．

　評価の実施および評価結果の取り扱いも実施要領で明示しており，県は評価を行う者の取り組みが円滑に遂行できるよう必要な支援を行い，評価結果を公表するとともに，評価結果を県の施策に反映するよう努めることとしている．単なる外部評価ではなく，評価実施から評価結果の反映までを，県と評価実施

主体が協働することを意識していることが分かる．

　評価の方法は，実施要領「第4　評価を行う者の選定」で示されており，課題の解決策を得るための評価の観点が論理的に構成されていることや，県民・関係者の生の声や実感が反映できるよう評価手法を工夫されていることが求められている．くわえて，報告書に盛り込まれる提言が県の施策に反映されうる内容であることも期待されている．作成要領では，問題の原因を分析するための階層図（ロジックツリー）や，県民の方々や関係者の生の声や実感を評価する方法としてアンケート，ヒアリング，ワークショップを例示し，後に詳しく紹介する県民協働型評価ハンドブックの活用も促している．

　県民協働型評価のスケジュールは，まず，評価実施の前年度に県内のNPOやその他団体から県民計画の具体的推進方策および岩手県東日本大震災津波復興計画の取り組み項目に関する事項を評価テーマとした評価企画案の公募と企画提案の受付が行われる．その後，評価実施主体を選考する審査会において，実施要領で示された選定基準にもとづき評価実施主体が選定される．

　評価実施年度に入って早々に業務委託契約が締結され，評価実施主体では評価に着手する．県が作成要領で記載例として示している評価実施のスケジュールでは，4月から6月にかけて県へのヒアリングと情報収集，5月から9月までがアンケート，ヒアリング，ワークショップの開催と分析，7月から9月にかけて調査結果の総合分析と報告書の作成となっている．そして10月末までに評価対象テーマの担当課と意見交換を行い，内容を調整したうえで評価実施主体から報告書が提出される流れとなっている．

　担当課との意見交換は，評価実施主体と評価テーマ担当課，県民協働型評価所管課の3者で評価期間中に1〜2回程度行われる．意見交換では，評価にあたっての課題や評価の進め方に関する認識の共有，評価実施主体からの提言を県の施策や事業にどのように反映させていくかを中心に意見交換が行われる．

　標準的な年間のスケジュールを見ると，評価テーマが評価実施主体から提案されたもので調査に速やかに着手できるとしても，実質的に評価に取り組める期間が6カ月を切っている．この期間内に，県民の生の声を聴き，担当課との意見交換の結果を踏まえて報告書をまとめ上げるには評価実施主体の評価実施体制や評価テーマに関する知見，評価手法に関する理解が強く求められること

となる.

　報告書に盛り込まれた評価結果や提言は，評価テーマ担当課において予算要求や翌年度の事業計画に反映されていく．県民協働型評価担当課では，「県民協働型評価結果の施策への反映状況報告書（以下「反映状況報告書」という.）に各担当課の対応状況や予算要求の状況等をまとめ，２月には評価担当課が県全体の県民協働型評価の反映状況を取りまとめてホームページで公表する.

　反映状況報告書では，表４-１のようなフォーマットで，評価実施主体から提出された報告書等の概要（問題意識・評価のねらい，評価方法，評価結果，提言項目，反映状況）が簡潔に記載されるとともに，報告書で提示された項目ごとに，翌年度以降の取組方向，翌年度の対応反映区分，具体的内容が記載される．対応区分は，① 新規事業の創設，② 既存事業の拡充，③ 制度や組織体制充実，④ その他となっている．県民協働型評価の評価結果の対応区分を公表することを通じて，評価結果や提言を事業化を促す仕組みとしている.

（3）県民協働型評価ハンドブック

　作成要領の中で評価実施の際に活用が求められている「県民協働型評価ハンドブック（以下「ハンドブック」という.）」を紹介する.

　すでに述べたとおり，政策21は，県と協働して，「県民参加型外部評価システム構築事業」の制度設計に取り組むとともに，評価実施者の評価リテラシーの向上支援と評価実施主体としての協働型評価を実施する役割を担ってきた.

　特に，評価実施主体の評価リテラシーの向上支援は，政策21の主要なミッションの１つであり，特に力を入れて取り組んだ事業であり，県民協働型評価の制度設計における県と政策21の協働は，地方自治体とNPOがミッションを共有して取り組んだ協働の事例としても好事例となる.

　ハンドブックは，2008年３月に発行，2011年に改訂された．発行者が岩手県，編集者が政策21，A5判，総ページ数は76ページの冊子で，評価リテラシー向上をめざして開催した５回の研修会の内容を取りまとめたものである．協働型評価を行う上で留意すべきポイントを明確にし，県民協働型評価の質を継続的に向上させていくことを目的に作成され，県民に県民協働型評価を広げていくツールとしての活用も想定していた．通常，県民を対象とした研修会では，研

評価テーマ：市町村の地域福祉推進に向けた支援の取り組みについて

表4－1　県民協働型評価結果の今後の施策への反映状況

県民協働型評価の結果	左に対応した2019年度以降の取り組みの方向	施策への反映状況				具体的内容
		2019年度の対応区分				（①の場合：事業名、事業概要、予算額、拡充額）（③④の場合：拡充、改善又は促進する内容）
		① 新規事業の創設	② 既存事業の拡充	③ 制度や組織体制の拡充	④ その他	
1　ビジョンの提示 今後の人口減少社会における地域福祉のあり方について、県が積極的な役割をはたすこと。 （例：今後も進行する人口減少と地域社会への影響について、地域福祉のプロジェクトチームを設置し、調査研究を行い、将来の見通しを予測すると共に、県と市町村や市町村社協の地域福祉のはたすべき役割を示していくこと）	本年度策定する第3期岩手県地域福祉支援計画において、県、市町村および市町村社協がはたしていく役割を示す。 「岩手県地域福祉推進協議会」を活用し、今後の地域福祉のあり方等について協議し施策へ反映していく。				○	現在、策定を進めている第3期岩手県地域福祉支援計画において市町村等が取り組むべき方向を示すとともに、計画にもとづいた取り組みを進める。 また、有識者等により構成される「岩手県地域福祉推進協議会」において取り組み状況を検証するとともに、引き続き本県における地域福祉推進のあり方について協議していくこととしている。

出典：岩手県 [2019：9].

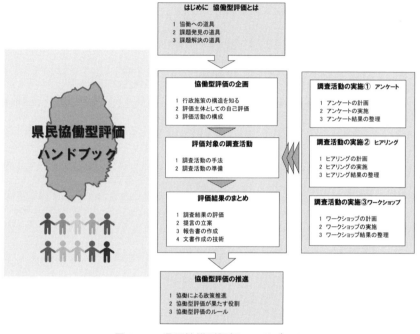

図4-1　県民協働型評価ハンドブック

注：(左) ハンドブック表紙, (右) ハンドブックの全体構成.
出典：岩手県 [2011].

修資料を公表することはあっても，研修内容をハンドブックとしてまとめ，継続的に活用していくことは稀である．

　ハンドブックの内容は図4-1のとおりであり，4つのセクション（①協働型評価とは（フェーズ0），②協働型評価の企画，調査活動，評価結果のまとめ（フェーズ1，2，6），③調査活動の実施（フェーズ3，4，5），④協働型評価の推進（フェーズ7））で構成されている．

　第1セクションでは，協働型評価を通じてNPOやその他団体が政策の推進や立案に参画していくことができることや，県政の課題に対する認識を県と共有する必要性を伝えている．また，仮説を立て調査によって検証して解決策を探る「仮説検証型思考」も紹介している．

　第2セクション（フェーズ1，2，6）では，協働型評価の企画，調査活動，

調査結果のまとめの協働型評価の設計から報告書までのプロセスを解説している．協働型評価の企画に関しては，施策の構造を正しくつかみ，評価の設計を行うことの重要性や評価を行う際に必要な体制を解説している．NPO やその他団体が評価を行う際には，ともすれば自分たちの経験と論理で評価を行う懸念が当時あったことからこの項を設けている（フェーズ 1）．調査活動に関しては，調査活動の中心となるアンケート，ヒアリング，ワークショップの概略を解説したうえで，それぞれの準備の際のポイントや調査目的にあった手法の選択の重要性を示している（フェーズ 2）．調査結果のまとめに関しては，「事実」→「判断」→「解釈」→「調査結果の評価」→「課題の抽出」→「対策・施策の立案」のような構成を提示し，報告書の作成の際に，調査から背策の提案に至るまで論理的に一貫した構成としていくことの必要性を説いている．併せて，報告書作成に関する技術的な文章作成方法も説明している．

　第 3 セクション（フェーズ 3，4，5）では，それぞれのフェーズでアンケート，ヒアリング，ワークショップのそれぞれについて，計画，実施，結果の整理の 3 つのプロセスを 36 ページにわたり具体的に解説している．たとえば，アンケートに関しては，標本の抽出方法や標本数の決定（標本誤差），質問文作成に関する注意点，調査票の回収と点検，データ入力や集計の方法など，集計作業の細部まで記載している．

　第 3 セクションに関しては，研修会の企画段階で「評価の基盤となる各種調査の精度を上げ，評価結果を対外的に耐えうる仕組みとしたい」と，県と政策 21 の間での共通の認識が持たれたことから，紙幅を充分に取ったものである．

　第 4 セクション（フェーズ 7）では，協働型評価がはたす役割として，協働評価を通じた協働の進化や評価実施主体の信用の向上や新たなネットワークの形成への期待，県と評価実施主体の双方が評価を実施する際のルールが示されている．

　このハンドブックは，作成要領にも「より詳しい内容は，『県民協働型評価ハンドブック』に掲載していますので参考にしてください．」と記載され，県民協働型評価のベースとなっている．

╋ 2．県民協働型評価の実際

（1）大学が評価実施主体となった評価事例

　2014年度〜2018年度の5か年間で実施された県民協働型評価の評価事例と実施状況を見てみる．

　国立大学法人岩手大学（以下「岩手大学」という．）では，当該期間中で，4テーマ（災害防止関連3，森林経営1）で評価を実施しており，以下では2017年度に実施した「地区防災計画制度の普及による地域防災力の強化方策の検討」を紹介する．

　岩手大学では，評価テーマに関する県の取り組み状況把握のため，岩手県防災担当部局へのヒアリング調査を行い，地区防災計画制度の現状と今後の予定を把握し，施策全体を整理している．

　また，評価実施時点で全国44地区で実施されていたモデル地区の実態を把握するため，災害リスクと課題や地区防災計画の取り組みプロセス，モデル事業での成果，現状と課題を把握し，地域防災力向上の取り組みの現状と地区防災計画制度に関する課題について文献調査を行っている．さらに44モデル地区から3地区程度を選定し，地区の住民代表者にヒアリング調査を実施し，併せて，新潟県庁および新潟県内3市町の調査を行っている．

　岩手県内における地区防災計画制度の導入による地域防止力の向上の方策検討に向けて，岩手県内において地域防災計画が策定済であった岩手県大槌町安渡地区において，ヒアリング調査を実施している．

　くわえて，岩手県内の5市町へのヒアリング調査と県内33市町村を対象にしたアンケート調査を実施し，市町村の防災体制に対する課題や地域防災計画制度の導入の可能性を整理するとともに，県内における地域防災リーダー4名へのヒアリング調査も実施している．

　八幡平市で実施したワークショップでは，地域住民からの意見把握だけではなく，静岡県危機管理局が企画・開発した防災カードゲームを活用して，避難所で起こるさまざまな出来事への対応を模擬体験できる場を提供している．

　岩手大学の評価の特徴としては，八幡平市で実施したワークショップにおい

て，土砂災害を想定した避難訓練や，避難所の運営を体験できる「防災カードゲーム HUG」を活用した啓発を行い，評価のみならず実践活動にも踏み込んでいる点があげられる．

（2）NPO が評価実施主体となった評価事例

NPO 法人いわて景観まちづくりセンター（以下「景観まちづくりセンター」という．）は，5 年間に 5 テーマで評価を実施しており，各年度の評価テーマは，東日本大震災津波に係るテーマ（住宅供給とコミュニティ形成），定住促進，景観，観光振興と幅広い．ここでは2017年度に実施した「再生可能エネルギーとふるさとの景観形成に向けた提言」を紹介する．

景観まちづくりセンターでは，岩手県の再生可能エネルギーの現状を把握するため，県内の再生エネルギーの設備の状況や県の景観計画や環境影響評価制度を整理しつつ，岩手県外で発生している景観形成に関する課題や岩手県内の再生可能エネルギー施設の現状に関する文献調査を実施し，再生可能エネルギーと景観形成における課題を整理している．

再生可能エネルギー事業者の景観に対する意識を把握するため 4 事業者へ共通の項目を設定してヒアリング調査を実施した．また，県民の再生エネルギーと地域景観に対する課題を明らかにするため，県内の 2 地区で地域住民を対象としたアンケートと 1 地区でワークショップを，県内 5 カ所（道の駅と社会教育施設）で観光客を対象としたヒアリング調査を実施している．県内全市町村を対象としたアンケートも実施している．

また，県の景観計画における対応の参考とするために，再生可能エネルギー対策と景観関連施策が進んでいる三重県志摩市と島根県を先進地として選定し，ヒアリング調査を実施し，併せて兵庫県内で有識者ヒアリングを行い，政策提言をまとめる際の参考としている．

景観まちづくりセンターが行った評価の特徴として，評価の設計とワークショップの運営方法の 2 点があげられる．

評価の設計に関しては，図 4 - 2 に示しているような，評価テーマに関連する仮説・課題，課題に対する調査方法，評価のゴール地点を盛り込んだ評価フローを提示し，評価全体の体系を明確にしている点が他の団体にない特徴であ

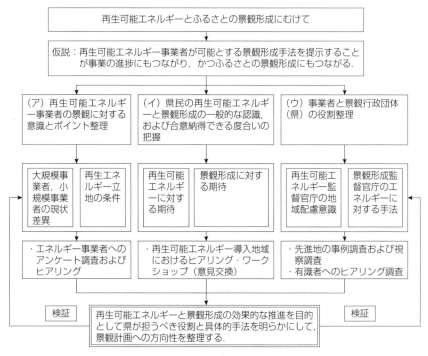

図 4 - 2　評価の仮説・フロー図

出典：景観まちづくりセンター［2017：3］.

る.

　また，地域住民を対象とした景観に関するワークショップの運営において，風力発電施設を景観に画像合成した複数画像を提示し，景観への影響度に対する意見を聴き取っている．景観分野での活動を通じて得られた経験を活かし，地域住民からのより具体的な意見が聴取できる調査方法を採用している.

（3）県民協働型評価の分析

　同じく直近 5 カ年間で実施された県民協働型評価の実施状況を見てみる（表4 - 2）.

　直近の 5 年間に，県民協働型評価を実施した団体は2014年度が 4 団体，以降は各年度 3 団体の延べ16団体である．延べ16団体の内訳は，NPO 法人が12団体，大学が 4 団体となっており，実数では大学が 1 法人，NPO 法人が 4 法人

表 4‒2　県民協働型評価の評価テーマと評価実施団体

年度	評価テーマ	評価実施団体	NPO	大学	関係部局
平成26	川下から見る森林経営	岩手大学		○	農林水産部
	定住促進をねらいにしたまちづくり	景観まちづくりセンター	○		政策地域部，県土整備部
	岩手県における若者支援策の可能性について	政策21	○		環境生活部，政策地域部
	岩手県における土砂災害防止法の推進に向けた方策の検討	岩手大学		○	県土整備部
平成27	被災地の地域性に配慮した効果的な住宅供給	景観まちづくりセンター	○		県土整備部，復興局
	農林水産業における更なる6次産業化等の取組について	政策21	○		農林水産部
	要配慮者利用施設等における土砂災害の防止軽減方策の検討	岩手大学		○	保健福祉部，県土整備部
平成28	災害公営住宅等のコミュニティ形成	景観まちづくりセンター	○		県土整備部，環境生活部，保健福祉部
	子育てを担う地域人材の育成〜ひろば事業の現状と課題から〜	奥州・いわてNPOネット	○		保健福祉部
	精神障がい者の地域移行支援の取組について	政策21	○		保健福祉部
平成29	再生可能エネルギーとふるさとの景観形成	景観まちづくりセンター	○		県土整備部
	地区防災計画制度の普及による地域防災力の強化方策の検討	岩手大学		○	総務部
	人口減少社会における多様な主体による公益活動の拡充に向けた支援等の取組について	政策21	○		環境生活部
平成30	文化芸術と県民との交流支援体制の整備と文化芸術活動の担い手を支援するネットワークの形成について	岩手未来機構	○		文化スポーツ部
	市町村の地域福祉推進に向けた支援の取組について	政策21	○		保健福祉部
	沿岸地域の特性を活かした観光振興	景観まちづくりセンター	○		商工労働観光部

出典：岩手県［2015-2019］を基に筆者作成.

となっている．岩手大学，政策21，いわて景観まちづくりセンターは，5年間に県民協働型評価を複数回実施しており，この3者が県民協働型評価の担い手として大きな役割をはたしている．

　県民協働型評価において，評価テーマがどのように設定されていたかを見てみると，評価テーマに関係する部局は10部局とほぼすべての部が県民協働型評価に関わっている．各部ごとの評価実施状況は，県土整備部が6件，保健福祉部が5件，環境生活部が3件となっている．県土整備部は都市計画分野，住宅分野，災害防止分野，景観分野で評価が実施され，保健福祉部は障害者福祉分野，被災地のコミュニティ形成の分野で評価が実施されている．

　県土整備部の評価実施件数が多い理由として，岩手大学の評価を担当する団体が土砂災害・災害防止分野の教員が中心に構成されていること，景観まちづくりセンターの活動フィールドが景観およびまちづくりであることがあげられる．

　各評価実施主体の評価手法を見ると，すでに述べたとおり，県民協働型では，県民や関係者の生の声や実感が反映できるよう評価手法の工夫が求められ，ワークショップの実施は，評価実施主体の選定の際に加点対象となっていることから，多くの評価実施主体でアンケートおよびワークショップが調査手法として選定されている．

　アンケート調査の実施状況を見ると，県内市町村を対象としたアンケートが16件中10件，住民（受益者）を対象としたアンケートが8件，関係団体等を対象としたアンケートが3件となっている．アンケートの実施にあたっては，イベント参加者を対象とした事例や宿泊施設と連携して宿泊客を対象とした事例があり，評価実施主体の本来の活動フィールドから得られた経験を活かしながら調査での工夫が行われていることが分かる．

　ワークショップの実施状況は，住民（受益者）が参加したワークショップが16件中13件，関係団体が参加したワークショップが4件，専門家が参加したワークショップが2件，自治体の参加が2件となっている．複数回のワークショップを開催した事例も複数見られた．

　次に，評価実施団体の報告書で提示された県の政策や事業に対する提案の内容を類型化したのが表4-3である．提案は各年度の『県民協働型評価結果の

表 4 - 3　県民協働型評価における提言内容

年度	①情報収集・共有	②連携・交流	③周知・啓発	④計画・ビジョン	⑤見直し・検討	⑥事業・体制充実	⑦人材育成	⑧その他	計
平成26	9	5	2	0	9	5	0	2	32
平成27	7	2	7	0	1	5	0	0	22
平成28	1	1	2	0	1	2	1	3	11
平成29	2	5	9	4	6	2	1	0	29
平成30	8	4	2	1	5	1	2	0	23
計	27	17	22	5	22	15	4	5	117

出典：岩手県［2015-2019］を基に筆者作成.

施策への反映状況』に記載されている反映状況の一覧表の中項目，中項目がない場合には大項目ごとに提案内容を 8 類型に分類している．

　8 類型の内，最も多い提案が「① 情報収集・共有」を求める提案で27件，「③ 周知・啓発」と県事業の「⑤ 見直し・検討」を求める提案が次いで22件となっている．「① 情報収集・共有」では，観光満足度の定期的なモニタリングや県と関係団体との意見交換の場の設置などが提案され，「③ 見直し・検討」では人口減少の地域社会の影響を踏まえた上で県や市町村との役割分担の明確化を求める提案，「周知・啓発」では地域共生社会の構築に向けて市民への意志啓発や企業への周知の充実を求める提案がなされている．

　さらに，これらの提案を県との関係で整理すると，県と県民との関係性と関係性構築の前提となる情報収集に対する提案（類型①～③）が66件であるのに対して，県事業の見直しを求める提案（類型④～⑦）が46件となっており，県事業の実施においては，県民・関係団体との関係構築が，より必要性が高いと判断されている．県事業の見直しを求める提案のうち，約半数が検討を提示（類型⑤）するにとどまっていることは，実質的な調査・評価の期間が 5 カ月では具体的な提案にまで至ることが困難であることが見てとれる．

╋ 3．協働型評価の課題と今後の方向

（1）県民協働型評価の位置づけ

日本では，2000年代当初から参加型評価の概念が議論されており，県民協働

型評価は参加型評価の一類型に位置づけられる（第8章参照）.

　参加型評価は，主に国際開発の視点からと，市民参加の視点から議論が行われている.

　例えば，三好・田中［2001］は，国際開発における従来型の評価と参加型評価を対比しながら，参加型評価の概念を整理している．三好らは，参加型評価を評価参加者の評価能力の向上や関係者のオーナーシップと実施能力の向上等を目的とするとしている．プロジェクトに直接関わっているスタッフが評価に参加することで，スタッフが主体となった評価を継続的・定期的に実施でき，ひいてはプロジェクト自体の能力向上に貢献できるとしている．これに対比して，従来型評価は，資金提供者へのアカウンタビリティやプロジェクト改善を目的とし，専門家による評価チームによって中立性・外部評価・評価者の独自判断によって評価が行われているとしている.

　最近の急激な社会変化に伴う価値観の多様化によって評価者が行う独断での評価には限界があり，ステークスホルダーの多様な見方・考え方と判断を評価に取り組むことが重要であることも指摘している．課題として，参加型評価の事例を積み上げることの必要性や評価者の意識の改革，参加型評価に内在する主観性への対処などをあげている.

　一方，森田［2011］は，市民の政府，企業，市民組織への関与のあり方を整理した上で，協働と市民の直接的関与の2つの視点から参加型評価の現状と可能性を述べている．協働の視点からは，市民組織の意見を行政における評価の価値判断や意思決定には参加型評価の導入が有効としている．市民の直接的関与の視点からは，関係者相互の協働や市民が専門性を習得するエンパワメントを評価に取り込んでいくことで，評価は健全なガバナンスの仕組みが担保されると指摘している.

　課題としては，事例研究を通じた参加型評価の方法論の確立と知見の蓄積が必要で，協働のあり方に焦点を当てた新たな評価基準やガイドラインの設定が有効であると指摘している.

　また，源［2016］は，これまで議論されてきた参加型評価の特徴とアプローチについて考察を行い，参加型評価が成り立つ条件として2点指摘している．1つ目は，アンケートやワークショップにより住民の意見を聴いていることの

みでは参加型評価とは言えず，利害関係者が評価の設計から実施，データの解釈までのすべてのプロセスに関わり必要があるとしている．2つ目は，定性データの収集方法を活用しているから参加型評価となるのではなく，評価に関わった利害関係者が評価主体となることを要するとしている．

　それぞれの立脚点により参加型評価の理解は異なるが，三好らが指摘している「社会変化等による多様性への対応」，森田の「協働と市民と直接的関与」，源の「利害関係者の主体性」は，今後，参加型評価の議論を深めていく際には論点として欠くことはできない．

　また，県民協働型評価の位置づけを見る際には，三好らが参加型評価に内在する課題としている「主観性」について，森田は参加型評価を市民の直接的関与としており，それを許容するという相違点が参考となる．

　県民協働型評価では，外部の専門性や客観性を重視した県民参加型外部評価を試行し，その後，県民協働型評価を実施したという経緯を考えれば，参加型評価をベースに，評価実施主体の主観性も許容する市民参加型の評価も組み込んだ参加型評価ということができる．実際，各評価実施主体が行った評価結果を見ると，大学が評価を行った際には，より客観性を志向した評価となり，NPOが評価を行った際には，それまでの活動から得られた知見も加味した提言重視の評価となる傾向が見られる．

　繰り返しになるが，県民参加型外部評価の制度設計時にも，評価主体の主観をどのように評価に活かしていくかも議論されており，当時は，評価実施主体にアンケートを通じた客観的データの収集や，評価結果にもとづいた提言ができる支援を行うことが有効であると判断され，これらがアンケート・ワークショップの推奨と，評価リテラシーの向上に向けた研修の実施につながっている．

　また，三好らと森田が課題として指摘している「参加型評価の事例蓄積」の点からは，県民協働型評価の事例は，評価制度の構築プロセスや行政における評価結果の活用・評価分析方法の共有の点から大きな意義を持つと考える．

（2）県民協働型評価から得られる知見と課題

　これまで紹介してきた県民協働型評価は，地域での参加型評価の実施可能性

を示しているが，課題もある．

　第1の課題は，意図する分野での評価実施主体を確保できるかどうかである．地方においては，評価実施主体となりうる大学およびNPOも首都圏と比較して少なく，なんらかの対策を講じなければ岩手県での経験と同様に評価実施主体の確保に苦慮することが見込まれる．

　第2の課題は，参加型評価でめざしているステークホルダー間での評価結果の共有と活用である．県民協働型評価の評価実施団体からの提言では，施策に関する情報共有と連携不足が指摘され，県と関係団体間での情報共有が十分でないことも指摘されている．くわえて，県民協働型評価においては，評価実施主体と担当課との協働は数か月間にとどまり，県民協働型評価結果も単年度に限られ，十分に共有・活用されているとまでは言えない．県とステークホルダーとの継続的な関係性をどのように構築していくかが課題となる．

　第1の課題に関する知見としては，評価実施主体の育成および連携によって上記の課題が解決される可能性があることである．県では，評価実施主体の少なさは当初から課題としてとらえており，評価実施主体の育成に向けた研修の実施とハンドブックを作成し，評価実施主体の育成および評価リテラシーの向上に努めていた．しかしながら，2011年に発生した東日本大震災津波からの復興に向けて，県とNPOも最優先で復興に取り組むこととなり，評価実施主体の育成が十分に行われなかったことは非常に残念であった．このような状況にあっても，NPOが県民協働型評価を実際に取り組むことで，継続的に県民協働型評価を担う役割をはたすようになったことは特記しておきたい．

　また，県民協働型評価の評価実施主体として，活動に関する専門性はあるが評価に関する経験や理解が不足するNPOと，大学や評価に関する専門性を持つNPOが支援・連携して評価を実施する可能性もある．このような連携を促進するためには，県民協働型評価の確立期に組織された，県と県内の中間支援NPOで構成される「いわてNPO中間支援ネットワーク」と「県の施策の評価および立案に関する協働協定」が参考となる．同ネットワークのような中間支援団体を組織し，参加型評価を支援する機関と位置づけ，評価実施主体の掘り起こしと育成を任せることも1つの方法である．

　また，新型コロナウイルス感染症の拡大を契機に，オンライン会議のツール

も充実し，多くの NPO やその他団体でも活用されているので，地域を超えた連携・支援も視野に入れることができる．

　第2の課題に関しては，地方自治体ではすでにステークスホルダーがある程度組織化されており，各分野に設置されている，いわゆる審議会がそれにあたる．審議会を出発点にしてステークスホルダーとの関係性が構築できる可能性は大きい．

　たとえば，有識者とステークスホルダーで構成される審議会を，地方自治体が有識者やステークスホルダーから意見を聴く場としてではなく，政策形成のツールの1つとして捉え直し，政策形成に必要な調査や評価を実施することで，有効な政策議論が期待できる．実務的には，参加型評価や政策形成に要する予算を一定程度確保した上で，審議会の事務局機能と参加型評価のコーディネート機能も併せて NPO やその他団体に委託することが考えられ，有効でもある．

（3）今後の方向

　県では，評価実施主体の確保が困難であることなどにより，2018年度で県民協働型評価を終了した．参加型評価の先進的な取り組みとして全国にも類を見ない取り組みであり，県民協働型評価で得られた課題や知見を活かして他地域での取り組みを期待したい．

　また，今後の地方での参加型評価を考えていく際に，国連が掲げる SDGs（持続可能な開発目標）と SDGs に関する国内と地域での動きを押さえておかなければならない．

　SDGs が伝えるメッセージに対する国内の企業や個人の関心も非常に高いが，それらの目標はこれまで地方自治体が総合計画や分野別計画で示してきた地域振興や地域づくりに関する目標と共通する部分が非常に多い．SDGs の活動を通じて社会が内包する諸課題に関心のある企業や個人が増加している状況は，参加型評価，さらには市民参加の土壌が整いつつあると理解してよいのではないか．岩手県内でも，いわて SDGs カフェ実行委員会（構成：環境パートナーシップいわて他）が主催する「いわて SDGs カフェ」が定期的に開催され，企業，NPO，行政，大学に所属する個人のゆるやかなネットワークが構成されつつある．

　SDGs に関しては，内閣府地方創生推進事務局に設置された「自治体 SDGs 推進評価・調査検討会 自治体 SDGs 推進のためのローカル指標検討ワーキンググループ」が中心となって，既存の政府の統計等を活用したローカル指標リストも，参加型評価の基礎的なデータとして活用できる．

　このようなネットワークの構築や地方自治体の共通の指標が設定されることなどの社会変化は，裾野の広い参加型評価を実現できる可能性を秘め，その発展が期待できる．

参考文献

いわて景観まちづくりセンター［2017］『平成29年度県民協働型評価推進事業委託業務 再生可能エネルギーとふるさとの景観形成に向けた提言』．

岩手県［2011］『県民協働型評価ハンドブック』．

―――――［2015-2019］『県民協働型評価結果の施策への反映状況』．

岩手大学農学部森林科学科［2017］『平成29年度岩手県県民協働型評価推進事業業務報告書 地区防災計画制度の普及による地域防災力の強化方策の検討』．

岩渕公二［2009］『外部評価の機能とその展開――行政監視と政策推進――』第一法規．

―――――［2011］「政策の評価と NPO ――地域経営を視座に――」『日本評価研究』11(1)．

佐藤俊治［2011］「NPO による協働型評価における行政と県民へのインパクト」『日本評価学会第12回全国大会発表要旨集録』．

自治体 SDGs 推進評価・調査検討会［2019］『地方創生 SDGs ローカル指標リスト2019年8月版（第一版)』．

源由理子編［2016］『参加型評価――改善と改革のための評価の実践――』晃洋書房．

三好皓一・田中弥生［2001］「参加型評価の将来性――参加型評価の概念と実践についての一考察――」『日本評価研究』1(1)．

森田智［2011］「日本の市民社会における参加型評価の可能性に関する考察」『日本評価研究』11(1)．

（鎌田 徳幸・熊谷 智義）

第5章　岩手県県民協働型評価の実践事例

✝ はじめに

　政策21では，岩手県がこれまでに実施した県民協働型評価事業について，東日本大震災の影響により事業が休止された2011年度を除き，実施された9カ年度すべての年度において採択を受け，評価活動を行ってきた（表5-1）.

　本章では，政策21が実際に取り組んだ岩手県県民協働型評価の実践の中から，今後の協働型評価のあり方を構想するに当たり，注視すべき論点を含んだ2つの事例を報告する.

　9事例の中から2事例を選定するに当たっては次の2つの観点を重視した.

表5-1　政策21が実施した岩手県民協働型評価の活動実績

年度	評価テーマ
2009	ごみ減量化とリサイクルの促進
2010	建設業の業種転換・新分野進出支援策
2012	新しい公共におけるNPO法人の役割とその支援策について
2013	コミュニティの活性化の新たな可能性について
2014	岩手県における若者支援策の可能性について
2015	農林水産業における更なる6次産業化等の取組について
2016	精神障がい者の地域移行支援の取組について
2017	人口減少社会における多様な主体による公益活動の拡充に向けた支援等の取組について
2018	市町村の地域福祉推進に向けた支援の取組について

注：2009〜2016年度までは「県民協働型評価事業」，2017〜2018年度までは「県民協働型評価推進事業」という事業名である.
出典：筆者作成.

第1に，自治体政策評価のオルタナティブを志向した取り組みであることである．自治体において政策評価（あるいは行政評価）と称される活動が制度化され普及していったのは1990年代半ば頃からであるが，一般的な政策評価は，そのほとんどの場合が行政機関の内部評価制度として設計され，総合計画において階層化された施策，基本事業，事務事業などの体系に沿って，達成度（成果指標）を測定するとともに，その達成度に対して若干の（もっぱら事業担当者の主観にもとづいた）考察を加えるものであった．しかし，制度導入によって期待された，事業の改廃を含む改善・改革をもたらされず，その一方で評価制度自体の改善策も見いだせずに，評価を単なる事務処理作業としてとらえ本来的な業務を圧迫してしまっている状態となってしまう「評価疲れ」が各所で指摘されるようになっていた．

このような問題意識から，政策21が実施した評価活動では，簡易な評価シートを埋めるような単なるフレームワークではない，定量的手法と定性的手法を併用した科学的視点によって政策の目的と手段の因果関係を把握しようとする評価活動の実践モデルを自治体の評価担当者に示すことを試みた．本章では，そうした政策21の姿勢が端的に表れている事例を選定している．

第2に，成功事例だけでなく，課題を残した事例も取り上げたということである．

協働型評価は，その名称が指し示すとおり評価者と被評価者の関係性や評価結果に対する納得感が評価の成否を決する側面がある．専門性に優れ，社会科学上の批判に耐えうるような評価結果が得られたとしても，被評価者の受け入れが納得感の得られないようなものであるならば，協働型評価としては失敗である．

9カ年度にわたる評価活動の中には，被評価者とのコミュニケーションに課題を残した事例もあり，こうした経験が自治体やNPOの参考となり，今後の協働型評価の洗練化に知的貢献をはたしたいという趣旨から，課題を残した事例も含めて報告する．

なお，文中に記載する組織名，施策名および事務事業名の固有名詞は，いずれも評価活動実施当時のものである．

╼ 1. 実践事例その1『ごみ減量化とリサイクル活動の促進』(2009年度)

(1) 評価テーマの選定

　住民や事業者が排出するごみを減らそうとする政策は，その成否が生活環境の維持・向上に直接的な影響を及ぼす，住民の関心の高い分野であると同時に，住民・事業者に対して一定の行動の抑制や変容を求める分野でもあり，政策をデザインする上では，ルール（規制策・奨励策）とモラルのバランス良い配分が求められる．

　一方で，ごみ減量化を政策評価の対象として捉えた場合には，県と市町村それぞれに対策が講じられ政策手段が多様であることおよび景気動向や都市規模といった外部要因の影響が大きいため，技術的な難しさをはらんでいる．

　こうした認識に立ちながらこの評価活動では，ごみの排出抑制における成果の発現状況を把握するとともに，目的と手段の因果関係を解明し，岩手県の施策推進に有益な知的貢献をはたすことをめざした．

(2) 評価デザイン
1) ロジックモデル

　この評価活動では，まず，ごみの減量化に向けた行政活動の目的と手段の因果関係について，事業の実施から成果が発現されるまでの道筋を段階的・体系的に図示化する手法（ロジックモデル）により分析することとした．

　このとき，岩手県が実施している事業だけでは県民の行動に影響が及ぶ政策手段を極めて限定的にしか捕捉できないので，県内の各市町村が単独で実施している事業も対象として取り上げた．県内全体の取り組みを網羅的に分析することにより，ロジックモデルの分析の精度を向上することができるとともに，岩手県と市町村の役割分担が適切であるかを考察するに当たっての有益な情報が得られる．

2）回帰分析

ロジックモデルにもとづきながら，ごみを減少させるための取り組みや，その他の関係性が予想される外部要因で，ごみの排出状況がどの程度説明できるかを，回帰分析の手法を用いて定量的に分析した．

3）アンケート調査

ア　ロジックモデルの作成および回帰分析の基礎資料とするため，次の調査を実施した．

　　・ごみ減量化に関する実態・意識調査（市町村用）

　　　調査対象：県内全市町村（客体数　35）

イ　「ごみ減量とリサイクルの促進」における主要事業であるエコショップいわて認定制度について，認定店の現状を把握するため，次の調査を実施した．

　　・ごみ減量化に関する実態・意識調査

　　　調査対象：エコショップいわて認定店全店（客体数　199）

4）ヒアリング調査

ア　岩手県担当課ヒアリング

　　ごみの減量化に対する取り組みについて現状を確認するため，次のとおりヒアリング調査を実施した．

　　・担当課：環境生活部資源循環推進課

イ　先進地視察

　　先進的な事例の調査を行うため，岩手県外の2県1市に先進地視察を実施した．

ウ　現地調査

　　アンケート調査を補完するため，ヒアリング調査を実施した．

　　・市町村（2自治体）

　　・エコショップいわて認定店（3店舗）

エ　県民意識補完調査

　　県民の意識と行動を把握するため，市民活動団体（1団体）に対象とし

たヒアリング調査を実施した.

5）アドバイザリーボードの設置

評価活動の実施に当たって，専門性を確保するため，環境，社会学および統計学の分野における学識経験者（3名）で構成するアドバイザリーボードを設置し，専門的な立場からの意見等を聴取した.

（3）評価結果

ロジックモデルの構築に当たっては，論理展開のスタートである「活動」部分を，政策手段の性質に着目して次のように分類した．これにより，次の段階の作業となる回帰分析において，成果の発現状況（ごみ減量）と政策手段の相関関係をより明確に把握することができる.

【経済的施策（負)】
　　ごみ処理の手数料徴収やレジ袋の有料化のように，住民・事業者に対して，金銭的な賦課を行い，ごみの減量化に向けた行動変容を促そうとする施策.

【経済的施策（正)】
　　生ごみ処理機の購入補助や資源ごみの集団回収活動補助のように，経済的なインセンティブにより，ごみの減量化に向けた活動を促進しようとする施策.

【情報・啓発施策】
　　ポスター掲示や情報誌の配布，懇談会の開催のように，知識移転，情報提供，住民・事業者とのコミュニケーションを図ろうとする施策.

【奨励施策】
　　事業者の一定の行為を褒賞したり，一定の行為・目標を宣言させることなどにより社会的インセンティブを与える施策.

このロジックモデルでは，最下位の「活動」から最上位の「最終成果」までを5段階に区分し，各成果の段階に評価指標を設定した（図5-1).

また，回帰分析では，被説明変数をごみ排出量（1人1日当たり）と資源化量

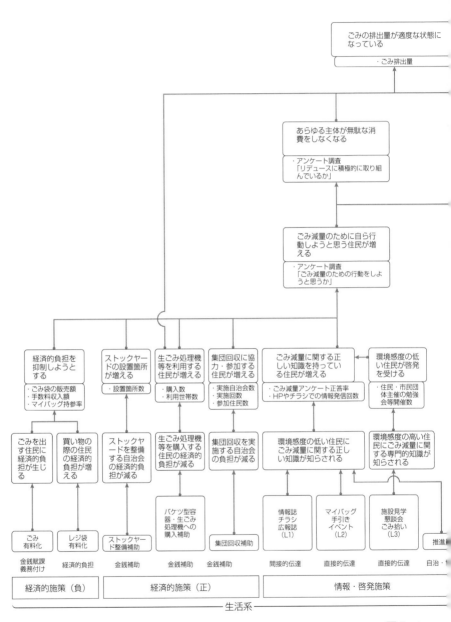

図 5-1

出典：筆者作成.

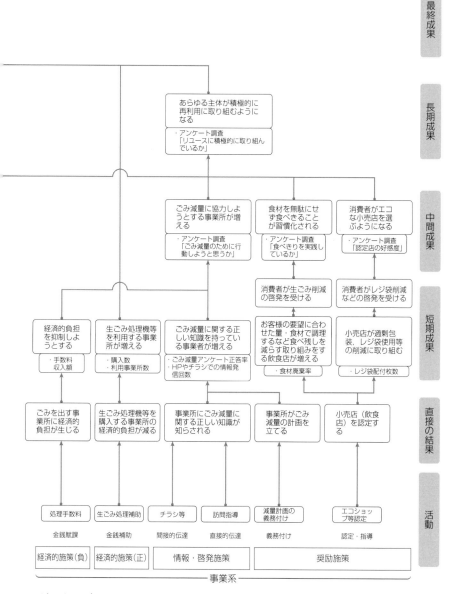

ロジックモデル

（1人1年あたり），説明変数を①ごみを減少させるための取り組みと②外部要因としての県民所得，県内総生産および人口とし，相関を定量的に分析することとした（詳細は後述する解説1～3を参照）．

　さらに，回帰分析によって確認された定量的情報をもとに，市町村や学識経験者へのヒアリング調査による定性的評価を加え，以下のとおりの分析結果が得られた．

・経済的施策

　　正・負の経済的インセンティブともにごみ排出量の増減率との相関は認められない．負の経済的インセンティブには効果があると考えられるが，現行の取り組みでは負担感が喚起されていない．

・情報・啓発施策

　　情報・啓発施策は再資源化と排出抑制に寄与しているものと認められる．

　　ごみ分別のようなリサイクルに関する行動は，住民にとって比較的容易に取り組みやすいものであり，全戸配布の広報紙や啓発チラシにより「広く薄く」伝える方法が有効である．一方，発生抑制はライフスタイルの変容をも要請するものであり，学習会・懇談会などで「狭く深く」伝える方法が有効である．

・エコショップいわて認定制度

　　認定制度の短期的成果はおおむね得られているが，消費者の行動変容については課題がある．認定店のインセンティブに留意した運用が必要である．

・岩手県と市町村の役割分担

　　岩手県は広域性を生かし，事業所への又は事業所を通じた住民への意識啓発を担うべきである．

　　住民への意識啓発に関しては，市町村はごみの分別のような個別の条件に応じた情報伝達を，県は大局的・思想的情報など抽象度の高い内容の伝達を担うべきである．

【解説1】　回帰分析について

このケースでは，2006年度の市町村のごみの排出量等とその取り組みを利用

表5‐2　市町村の取り組みと回帰分析における変数用分類

	市町村の取り組み	変数用分類
1	指定ごみ袋の義務付け	経済的施策（負）
2	収集の有料化	経済的施策（負）
3	マイバックの配布・補助	情報・啓発施策（L2）
4	ストックヤード整備補助	経済的施策（正）
5	バケツ型容器（EMバケツ等）への補助	経済的施策（正）
6	生ごみ処理容器への補助	経済的施策（正）
7	生ごみ処理機への補助	経済的施策（正）
8	ポスター・チラシの配布	情報・啓発施策（L1）
9	手引き等の発行	情報・啓発施策（L2）
10	情報紙の発行	情報・啓発施策（L1）
11	市町村広報紙の活用	情報・啓発施策（L1）
12	懇談会等の開催	情報・啓発施策（L3）
13	施設見学の受け入れ	情報・啓発施策（L3）
14	推進員等の設置	情報・啓発施策（その他）
15	イベント	情報・啓発施策（L2）
16	集団回収補助金	経済的施策（正）

出典：筆者作成.

して回帰分析を実施した．採用する説明変数として，個々の取り組みでは項目も多く，また実績が金額や件数など単位に違いがあるため，この状態では回帰分析を実施するのは困難であった．そのため，取り組みを表5‐2のとおり分類化し，実施の有無についてダミー変数（0，1）を用いることとした．なお，実施の有無については，岩手県環境生活部資源循環課調査とアンケート調査を基に判断した．また，人口規模が排出量に影響を与える可能性があるため，これについても表5‐3のとおり分類化し，変数として採用した．

　被説明変数については，排出抑制とリサイクルの効果を観測するため，最終処分量ではなく，1人1日当たりのごみの排出量と年間1人当たり資源化量を用いることとし，2006年度に実施した取り組みが同年度のごみの排出量に与える効果を観測するため，それぞれにおける前年度増減率［＝（2006年度実績—2005年度実績）／2005年度実績］を採用した．

【解説2】　回帰分析結果1

　・被説明変数（Y）：1人1日当たりのごみの排出量の前年度増減率

表5-3 市町村人口と回帰分析における変数用人口区分

	人口	人口区分ダミー変数
1	1万人未満	1
2	1万人〜2万人未満	2
3	2万人〜3万人未満	3
4	3万人〜5万人未満	4
5	5万人〜10万人未満	5
6	10万人以上	6

出典：筆者作成.

・説明変数（Xi）：(1)人口区分，(2)経済的施策（負），(3)経済的施策（正），(4)情報・啓発施策（L1），(5)情報・啓発施策（L2），(6)情報・啓発施策（L3），(7)情報・啓発施策（その他）

・回帰式　$Y = 3.4237 - 0.8765\,X_1 - 0.0492\,X_2 - 3.6468\,X_3 + 3.5998\,X_4 + 3.2266\,X_5 - 3.8537\,X_6 + 1.1442\,X_7$

この回帰式は，分析結果（表5-4）の有意F（0.0830）から5％を超えており有意とはいえず，上記の説明変数で1人1日当たりのごみの排出量の前年度増減率を説明できないことになる.

　そこで，それぞれの説明変数ごとに単純回帰分析を実施した．その結果（表5-5）によれば有意性がある説明変数（P-値が10％以下）が情報・啓発施策（L3）となっており，回帰係数は負の値となっている.

【解説3】　回帰分析結果2
　・被説明変数（Y）：1人当たりの資源化量の前年度増減率
　・説明変数（Xi）：(1)1人1日当たりのごみの排出量の増減率（2006年度-2005年度），(2)人口区分（2006年度），(3)経済的施策（負），(4)経済的施策（正），(5)情報・啓発施策（L1），(6)情報・啓発施策（L2），(7)情報・啓発施策（L3），(8)情報・啓発施策（その他）

　・回帰式　$Y = 7.6510 + 0.5143\,X_1 - 1.7265\,X_2 - 6.9828\,X_3 - 7.464\,X_4 + 14.054\,X_5 + 17.0719\,X_6 - 13.3337\,X_7 - 4.2974\,X_8$

この回帰式は，分析結果から補正R2（0.3417），有意F（0.0114）から5％で有意で，約34％について，上記の説明変数で1人当たりの資源化量の増減率を

表5-4　重回帰分析の結果

回帰統計	
重相関 R	0.5905
重決定 R2	0.3487
補正 R2	0.1798
標準誤差	3.7789
観測数	35

分散分析表

	自由度	変動	分散	観測された分散比	有意 F
回帰	7	206.4083	29.4869	2.0649	0.0830
残差	27	385.5631	14.2801		
合計	34	591.9714			

	回帰係数	標準誤差	t	P-値	下限 95%	上限 95%
切片	3.4237	2.5544	1.3403	0.1913	-1.8174	8.6648
人口区分（2006年）	-0.8765	0.4160	-2.1070	0.0445	-1.7300	-0.0229
経済的施策（負）	-0.0492	1.3893	-0.0354	0.9720	-2.8997	2.8013
経済的施策（正）	-3.6468	2.2944	-1.5895	0.1236	-8.3545	1.0608
情報・啓発施策（L1）	3.5998	1.9138	1.8809	0.0708	-0.3271	7.5266
情報・啓発施策（L2）	3.2266	1.4306	2.2554	0.0324	0.2912	6.1620
情報・啓発施策（L3）	-3.8537	1.5976	-2.4122	0.0229	-7.1318	-0.5757
情報・啓発施策（その他）	1.1442	1.5479	0.7392	0.4662	-2.0318	4.3201

出典：筆者作成.

表5-5　単純回帰分析の結果

（被説明変数：1人1日当たりのごみの排出量の前年度増減率）

説明変数	補正 R2	回帰係数	P-値
人口区分（2006年）	0.2857	-0.6886	0.0962
経済的施策（負）	-0.0113	1.1283	0.4368
経済的施策（正）	-0.0175	-1.4435	0.5230
情報・啓発施策（L1）	-0.0164	0.5056	0.5056
情報・啓発施策（L2）	-0.0031	1.3500	0.3512
情報・啓発施策（L3）	0.0338	-2.1612	0.0484
情報・啓発施策（その他）	-0.0303	-0.0513	0.9752

出典：筆者作成.

説明できることになる.

　この回帰式について，個別に回帰係数をみると，P-値により回帰係数（正）が有意（P-値が10％以下）な説明変数としては，情報・啓発施策（L1），情報・啓

表5-6　重回帰分析の結果

回帰統計

重相関 R	0.7047
重決定 R2	0.4966
補正 R2	0.3417
標準誤差	12.8073
観測数	35

分散分析表

	自由度	変動	分散	観測された分散比	有意 F
回帰	8	4,206.9216	525.8652	3.2060	0.0114
残差	26	4,264.7202	164.0277		
合計	34	8,471.6417			

	回帰係数	標準誤差	t	P-値	下限 95%	上限 95%
切片	7.6510	8.9405	0.8558	0.3999	-10.7264	26.0285
1人1日当たりのごみの排出量の増減率（2006年度-2005年度）	0.5143	0.6522	0.7886	0.4375	-0.8264	1.8551
人口区分（2006年）	-1.7265	1.5214	1.1348	0.2668	-4.8537	1.4007
経済的施策（負）	-6.9828	4.7085	1.4830	0.1501	-16.6614	2.6957
経済的施策（正）	-7.4640	8.1316	0.9179	0.3671	-24.1789	9.2508
情報・啓発施策（L1）	14.0540	6.8981	2.0374	0.0519	-0.1252	28.2333
情報・啓発施策（L2）	17.0719	5.2856	3.2299	0.0033	6.2071	27.9366
情報・啓発施策（L3）	-13.3337	5.9696	2.2336	0.0343	-25.6043	-1.0631
情報・啓発施策（その他）	-4.2974	5.2988	0.8110	0.4247	-15.1891	6.5944

出典：筆者作成.

発施策（L2），回帰係数（負）が有意（P-値が10%以下）な説明変数としては，情報・啓発施策（L3）があげられる．ただし，情報・啓発施策（L3）の実施が資源化量の減少に寄与することは考えづらく，この回帰式には矛盾が存在する可能性がある．

　そこで，先ほどと同様にそれぞれの説明変数ごとに単純回帰分析を実施した．その結果（表5-7）によれば有意性がある説明変数（P-値が10%以下）としては，正の相関で1人1日当たりのごみ排出量の前年度増減率，情報・啓発施策（L1），情報・啓発施策（L2）となり，逆に重回帰分析では有意であった情報・啓発施策（L3）については，P-値が10%を大きく超えており，有意ではないという結果になった．

表5-7　単純回帰分析の結果

（被説明変数：1人当たりの資源化量の前年度増減率）

説明変数	補正 R2	回帰係数	P-値
1人1日当たり排出量の増減率（2006年度-2005年度）	0.1423	1.5485	0.0146
人口区分（2006年）	-0.0224	-0.7982	0.6171
経済的施策（負）	-0.0123	-4.1583	0.4488
経済的施策（正）	-0.0277	2.4694	0.7733
情報・啓発施策（L1）	0.1027	6.9571	0.0309
情報・啓発施策（L2）	0.1766	14.0883	0.0069
情報・啓発施策（L3）	0.0064	-6.1826	0.2778
情報・啓発施策（その他）	-0.0075	-5.3000	0.3933

出典：筆者作成.

2．実践事例その2『岩手県における若者支援策の可能性について』（2014年度）

（1）評価テーマの選定

　岩手県は，2013年度に若者が活躍する地域づくりに関する取り組みを政策パッケージ化したアクションプラン「若者支援プロジェクト」の取り組み方針を発表した．また，2014年2月16日に開催された「いわて若者若手会議」では，達増拓也知事が「いわて若者活躍支援宣言」を行い，これらの具体的な支援策として，2014年度に，「いわて若者活躍支援事業」と「若者文化支援事業」の新規事業が予算化された．

　このプロジェクトの取り組み方針では，「若者が主役になって躍動し，自己実現を果たすことが，若者や文化を中心とする地域振興，すなわち『クリエイティブいわて』の実現」につながると考えられている．

　それまで，社会的な自立という観点からは特段の阻害要因を持たない，いわゆる元気な若者は，公的な支援の対象としてあまり重要視されてこなかったのであるが，「若者支援プロジェクト」の取り組みは，岩手県としての新たな政策分野への挑戦であった．

　よって，政策評価の対象としても新しい分野であったが，施策の成果の発現については，事後評価はもちろんのこと，プロジェクト実施の事前・事中にも

積極的に評価を行い，プロジェクトの改善・成果向上を図る必要があった．

　この調査では，こうした問題意識のもと，岩手県における若者支援策のうち，新規事業「いわて若者アイディア実現補助」について評価を試みた．

（2）評価デザイン
　1）SROI 評価の手法を用いた分析
　この調査では，「いわて若者アイディア実現補助」で，採択された10件のうち，2件について，SROI（Social Return on Investment：社会的投資収益率）の手法を用いた分析を行った．

　2）ロジックモデルによる分析
　岩手県が政策パッケージ化した若者支援策の目的と手段の因果関係を，事業の実施から成果が発現されるまでの道筋を段階的・体系的に図示化する手法（ロジックモデル）により分析した．

　3）若者が中心となって活動する団体等を対象とした聞き取り調査
　「いわて若者アイディア実現補助」において，採択された団体に所属する若者に対し，ヒアリング調査を実施した．

　4）市町村の若者活躍支援策についての調査
　県内の市町村の若者活躍支援の取り組みについての現状と課題を把握するため，アンケート調査を実施した．

　5）先進地を対象としたヒアリング調査
　若者活躍支援を目的とした事業に取り組んでいる2県に対してヒアリング調査を実施した．

　6）専門家からの助言
　SROI 評価の手法を用いるに当たって，2人の専門家から助言を受けた．

（3）評価結果

1）評価対象事業の概要

　SROIの手法による評価対象として「いわて若者アイディア実現補助」で実施されたプログラムを取り上げた.

　「いわて若者アイディア実現補助」は，震災復興や地域づくりなどに関して，若者グループ自らが地域課題の解決や地域の元気創出に資する事業を実施することによって岩手県の地域活性化を促進することを目的としていた.

　補助を受けることができる団体については，岩手県内に住民票を有する，または岩手県出身の18歳以上40歳未満の者（若者）2名以上で構成されていることや団体の構成員の過半数が若者であることなどの要件が付されており，また，若者ならではの独創性，先進性のある自発的な企画であることなどの条件の下で企画提案が行われ，公開プレゼンテーション審査により採否が決定されている.

　補助金額は，30万円が上限とされており，平成26年度の採択件数は，10件となっている.

　この中から，この評価分析では，岩手県内の任意団体「N隊」による「まるごと魅力発信プロジェクト」（以下,「Nプロジェクト」という.）を評価対象とした.

　なお，この調査分析では，調査時点で取り組みが完了されていない部分があり，それについては算定から除外している. また，成果の把握が技術的に困難であった測定値については，暫定値または仮想値で算定した.

　また，この補助金においては，各団体が同一事業で受けられる補助回数は一回限りであり複数回の補助は予定されていなかったため，この調査分析では，中間または最終アウトカムの考え方はとらず，初期アウトカムのみを算定することとした.

　ア　実施団体の概要

　プロジェクトの実施団体は，任意団体の「N隊」である. 2013年1月に結成されており，メンバー同士，実行したいことを相互に応援し助け合い，N町の活性化に寄与することを目的としていた.

　メンバーは総勢18名で，20代9名，30代6名，40代3名となっており，この

うち8名が，このプロジェクトから新規に参加したメンバーであった．

イ　活動内容

このプロジェクトでは，「夏合宿」と称して県外の若者との交流事業が実施された．

仕事や通勤で疲れた都会の成人者等をメインターゲットにN町の大自然・食・風土，そして人に触れ合うことで参加者の精神的開放を促し，N町の魅力を感じてもらうとともに，都市と農村・山里を結びつけることで両者の関係性を深めることをねらいとして，町内の古民家で2泊3日の合宿を行いながら，登山やゴムボート川下り，地元食材を活用した料理の飲食などを行うという内容であった．

プロジェクトには，東京・大阪など県外から10名，岩手県内から5名の参加者があった．

2）SROIの算出

ア　測定範囲および前提条件

SROIの測定期間は，プロジェクトの準備段階から，調査実施時（2014年9月末）までとした．また，SROIを測定する活動範囲は，先述の合宿事業に直接関係する活動までとした．

このプロジェクトは，調査時において未完了であったため，インプットおよび初期アウトカムのうち，参加者の自己負担額の算定に当たっては，事業計画書上の金額を用いることとした．

イ　投資対効果分析

（ア）ステークホルダーの特定

プロジェクトのステークホルダーは，次のとおりである．

- ・補助金交付者…岩手県
- ・事業を実施する団体…N隊構成員
- ・外来者の来訪により恩恵を受ける者…N町民

なお，プロジェクトの参加者（15名）は，夏合宿のいわば「顧客」であり，参加・来訪を地域住民にとってのアウトカムの1つとして捉え，本調査分析においてはステークホルダーからは除外した．

表5-8　SROI算出の全体像

ステークホルダー	インプット	測定指標	アウトプット	初期アウトカム	測定指標
岩手県	補助金の投入	予算額			
若者			補助事業の実施	社会的活動への参画	延べ活動時間数×人件費単価
町民				参加者のN町内での消費	参加者の食材等の自己負担額
				参加者のN町への好感	好感を持った参加者数×観光客単価

出典：筆者作成.

表5-9　インプットの貨幣価値換算

ステークホルダー	インプット	指標	算出額（円）	算出根拠
岩手県	補助金の投入	予算額	248,960	事業計画書より
合　計			248,960	

出典：筆者作成.

（イ）インプット，アウトプット

　プロジェクトのインプットは，岩手県からの補助金とし，アウトプットは，補助事業の実施とした.

（ウ）初期アウトカム，測定指標

　プロジェクトの初期アウトカムは，3つを設定した.　1つ目は若者の社会的活動への参画とし，その算定には延べ活動時間を人件費換算した数値を用い，2つ目は参加者のN町内での消費とし，その算定には，参加者の自己負担額を用い，3つ目は，参加者のN町に対する好感とし，その算定には観光客単価を用いた（表5-8）.

（エ）SROIの算出結果

　ａ．インプットの算出

　　インプットの貨幣換算は表5-9のとおりである.

　ｂ．アウトカムの算出

　　アウトカムの貨幣換算は表5-10のとおりである.

　SROIの算出においては，プロジェクト以外の要因による影響（寄与率お

表5-10　アウトカムの貨幣価値換算

ステーク ホルダー	成果	指標	金銭価値（円）	算出根拠
若者	社会的活動への参画	延べ活動時間数×人件費単価	805,500	（1回当り平均活動人数）×（活動回数）×（1回当り平均活動時間数）×人件費単価 ＝9×50×2×895
町民	参加者のN町内での消費	参加者の食材等の自己負担額	171,040	事業計画書より
	参加者のN町への好感	参加人数×観光客単価	40,230	（参加人数）×（観光客単価）＝15×2,682
合　計			1,016,770	

出典：筆者作成.

よび死荷重）を除外する必要がある．寄与率とは，対象事業が成果に対して寄与する割合であり，他に類似の事業が同じ期間に実施されていれば，その割合を減じる必要がある．このプロジェクトに関しては，他に類似の事業はなく，県からの補助金がなければ，プロジェクトは実施されなかったと団体関係者は述べており，寄与率は100％とした．

　次に，死荷重とは，対象事業がなくても成果が発現されていたと認められる割合のことである．たとえば，失業者に対する職業訓練プログラムにおいて，当該プログラムがなくても同等の条件で就職できたものと認められる割合を考慮するということである．

　このプロジェクトに関しては，まず，「社会的な活動への参画」について，「N隊」は，従前より地域おこしに資する活動を実施している団体であり，補助事業がなくともなんらかの社会的な活動を行っていた可能性は高いと認められる．

　そこで，構成メンバー18名のうち8名がこのプロジェクトにおける新規参加メンバーであることがヒアリングにおいて確認されていたので，既存メンバーの割合（10／18＝55.6％）を死荷重とした．

　最後に，「参加者のN町内での消費」，「N町への好感」については，このプロジェクトが実施されなければ，参加者15名がN町を旅行等の目的で自発的に訪れたり，または，夏合宿と同様の活動を自発的に行う可能性

表5-11　インパクトの除外後のアウトカム

	成果	金銭価値 （円）	死荷重（デッ ドウェイト）	修正後の 金銭価値 （円）	算出根拠
若者	社会的活動へ の参画	805,500	55.6%	357,642	
町民	参加者のN 町内での消費	171,040	0％	171,040	
	参加者のN 町への好感	40,230	0％	40,230	
合　計		1,016,770		568,912	

出典：筆者作成.

表5-12　SROIの算出結果

項目	貨幣換算価値	単位
総現在価値	568,912	円
投資	248,960	円
社会投資収益率（仮想値）	2.28	倍

出典：筆者作成.

は短期的には極めて低かったことが，ヒアリングにおいて確認されていたため，死荷重は0％とした．

　死荷重のインパクト除外後のアウトカムは，表5-11のとおりである．

　c．SROIの算出

　　これらのことから，SROIを算出すると，表5-12のとおりとなる．

＋ 3．評価活動をふりかえって

　以上，政策21が岩手県県民協働型評価において取り組んだ2つの実践事例を紹介したが，ここではそれぞれの事例について，被評価者たる事業所管課の，評価結果に対するリアクションも含め，評価活動をふりかえる．

（1）実践事例その1『ごみ減量化とリサイクル活動の促進』

　評価デザインに関する論点として，まず，ロジックモデルと回帰分析をジョ

イントさせる手法は有用性・汎用性が高いという点を指摘したい.

　評価活動においてロジックモデルを構築するに当たっては,岩手県内すべての市町村を対象にアンケート調査を実施し,岩手県が直接実施する事業のみならず,県内市町村のすべての事務事業を捕捉した体系化を図った.くわえて,技術的困難さから定量情報な把握は限定的にならざるを得なかったが,ロジックモデル上のすべての「短期成果」,「中間成果」,「長期成果」,「最終成果」に対して,それを測定する成果指標を仮想的に設定した.

　こうした考え方にもとづいて構築したロジックモデルを基に,さらに回帰分析によって,ごみの減量との相関が高い要因の抽出を試みたが,これらの評価活動については,被評価者から好評を得た.

　岩手県としてごみの減量を政策課題の1つに掲げているものの,その成否は,県民（事業者）一人ひとりの行動と,その行動により身近なところで影響を及ぼすことができる市町村の事業活動に依るところが大きく,県内すべての取り組みを網羅的に体系化したロジックモデルの整理とそれにもとづく回帰分析は,被評価者の日常業務における思考の組立てでは,その発想が生まれない,いわば「膝を打つ」ようなアウトプットとなった.

　くわえて,この評価活動から導き出された「正・負の経済的インセンティブともにごみ排出量の増減率との相関は認められない」,「負の経済的インセンティブには効果があると考えられるが,現行の取り組みでは負担感が喚起されていない」,「情報・啓発施策は再資源化と排出抑制に寄与しているものと認められる」という結果は,被評価者の現場の「相場観」とも合致するものであり,彼らの経験則にエビデンスをもたらした点が,好評を得た大きな要因となった.

　一方で,課題としては,評価技術上の論点として,ロジックモデルにおける活動量および成果の把握と,分析手法の定着の難しさを指摘したい.先述のとおり,ロジックモデルでは,岩手県内すべての市町村の取り組みを網羅的に体系化し,短期成果から最終成果の段階ごとに成果を測定する指標を設定したのであるが,これを実際に定期的に測定し,分析しようとすれば,相応の労力と費用が掛かることとなるほか,定量的なデータ分析の精度を向上させるためには一定期間をかけて知識と経験を積み上げていく必要がある.

　被評価者には高評価を得たものの,この評価手法が岩手県の担当部局におい

て実装化されるまでには至っておらず，まさにモデルを提示した段階に留まっている．

（2）実践事例その2　『岩手県における若者支援策の可能性について』

事例その1では評価結果に対する被評価者の受入れが良好であったのに比して，事例その2では，十分な納得感を得られたとは言い難い結果となった．

SROIでは，事業の成果を貨幣価値に換算して投資収益を算出する．事業の成果を定量的に把握する手法の1つではあるが，「何を成果とするか」および「その成果をどのような考え方で算出するか」という2つの論点（表5-8）によって，貨幣価値が変わってくる．

この「SROI算定の全体像」は，論理的・自動的に導き出されるものではなく，評価対象となった事業の関係者が議論を尽くし，相応の納得感が得られた中で設定されることが望ましい．何を成果とし，それをどのような考え方で算出するか，あらゆる選択肢が考えられる中で，関係者間のコンセンサスを確保することができるか否かが，SROIという評価手法の成否を握っている．

そのように考えると，SROIは事業成果に関する定量情報を算出するものではあるが，その導出過程において定性的な要素を多分に孕む，いわば定量的評価と定性的評価のハイブリッドな評価手法であると捉えることもできる．

この評価活動ではスケジュール上の制約もあり，評価対象事業の実施団体および岩手県の事業担当者と，「SROI算定の全体像」について，納得感が得られるような十分な議論を経ることが出来ず，「なぜこれが事業成果と言えるのか」，「算出根拠はこれ以外に考えられないのか」といった疑問点を解消できないまま評価活動を終えてしまった．

（3）定量的情報および定性的情報からの総合的考察の重要性

これまで取り組み事例1および2に関して，ロジックモデルや回帰分析，SROIの評価手法によって政策の効果を定量的に把握してきたことを中心に述べてきたが，実際の評価活動においては，こうした定量情報を算出したあとに行う，それらのデータの確からしさや課題解決策を考察するための，関係者のヒアリングなどが極めて重要な意味を持つことになる．

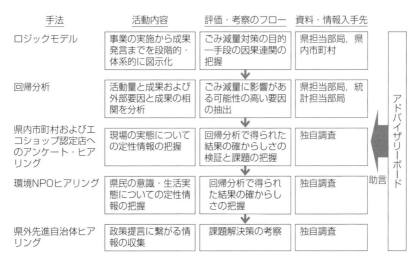

　図5-2は，取り組み事例1の評価・考察フローであるが，ロジックモデル
および回帰分析を行った後に，順次県内市町村や環境NPOなどへアンケート
調査やヒアリングを行ったことを表している．

　こうした施策関係者や活動家の持つ経験則や問題意識は，ともすればその経
験・知見が合理的判断のノイズとなることも懸念されるのであるが，評価活動
で算出された回帰分析やSROIなどの客観的・科学的データを彼らに示すこと
で，新たな気づきをもたらすことになる．仮に彼らの経験則に相違する客観的
データが示された場合でも，そのデータの算出根拠や前提をつぶさに検証して
いくことで，関係者・活動家と評価者の双方の認識が調整されていく．

　こうした意見交換を重ねることで真に施策効果の向上に繋がる有効な改善策
が見出されてくるのである．

＋　4．協働型評価の意義

　ここまで，政策21がこれまでに取り組んだ岩手県県民協働型評価の実践の中
から，2つの事例を報告してきたが，第5章の終わりに，県民協働型評価がそ

の主たる狙いとする「協働」に着目し，その意義について若干の考察を述べることとしたい．

ICT の目覚ましい発達を背景に，エビデンスにもとづく政策立案（Evidence-Based Policy Making: EBPM）の必要性が説かれるようになってきており，自治体においても社会科学の専門性を取り入れることや，十分なデータと厳密な方法にもとづいて政策の効果や費用を分析することの重要性への認識が高まりつつある．

報告した 2 事例の評価活動は，今となってみれば EBPM を先取りした評価活動であった．

こうした評価活動は，技術的には一定程度の研修や経験を積めば，行政内部で実施することも可能であるが，簡便な評価シートをルーツに持つ自治体政策評価の現状に鑑みれば，自治体が定量的評価と定性的評価を併用したプログラム評価の実施に舵を切ることは，自治体における限られた人的リソースを考慮すると，革命的とも言える方針転換であり現実的ではない．

このような経緯・背景を前提とすれば，評価の専門的スキルを持った政策21のような団体と，日々住民に相対している経験知や膨大なデータを有する行政機関が協働して取り組む評価活動は，自治体の EBPM の 1 つの範型となりうる．

本章で報告した『ごみ減量化とリサイクル活動の促進』の事例は，まさに，施策担当者の経験・主観にエビデンスをもたらした．

くわえて，岩手県県民協働型評価は，評価結果から政策提言を導き，岩手県がそれに対して対応方針を公表する制度設計となっているが，この点においても，県と評価者が協働で取り組む意義は極めて大きい．

そもそも評価結果とは，客観的・科学的事実から導き出された合理的・論理的帰結であるが，その評価結果から政策提言が自明性を持って導き出されるものではない．評価結果を元に政策の改善策を検討しようとすれば，自ずと価値判断を伴わざるを得ないのである．つまり，仮に「施策効果に乏しい」という評価結果が得られた場合，その結果から「効果がないのでやめるべき」という改善策と，「効果が発現されるよう取り組みを強化するべき」や「効果が発現するまで取り組みを継続するべき」といった改善策の，両極の判断に振れうる

のである.

　この点に関して, ともすれば, 環境や子育て支援などの社会的ミッションを持った NPO が評価主体となった場合, 当該団体がかねてから訴えていた主義・主張と評価結果を結びつける恣意性が前面に出てしまうことも懸念されるが, 政策21は, 特定の主義・主張からは一線を画し, 合理性・論理的整合性の担保と被評価者の問題関心などを総合的に勘案した政策提言を行うことができる.

　それを可能とする, 評価者と被評価者のコミュニケーションを重視し,「協働型」を標榜する本評価事業の意義は大きい.

　評価活動の開始当初は, 被評価者から警戒心を持った応対を受けることが少なくないのだが, 評価活動が進むにつれてコミュニケーションが円滑に図られるようになると課題意識が共有され, 実効性のある, 別言すれば, 被評価者にとって, 現場の状況を無視した理想ではなく,「手が届くレベル」の政策提言を導き出すことができるのである.

　評価に関する専門知と施策最前線の経験知のシナジーにこそ協働型評価の意義がある.

　こうした観点から, 岩手県民協働型評価における政策21の活動は, 評価を軸とした自治体と NPO の交流, 支援, 協働の 1 つの到達点であり, 自治体における EBPM の可能性を拓く実践であった.

参考文献

今村都南雄 [2008]「『ためにする』評価を超えて」『評価クォータリー』7.

岩渕公二 [2007]『外部評価の機能とその展開』第一法規.

行政情報システム研究所 [2021]『GDX 行政府における理念と実践』黒鳥社.

南島和久 [2010]「公共部門評価の理論と実際——内部評価の限界と外部評価の展開——」『評価クォータリー』12.

山谷清志 [2006]「外部評価の課題——外部評価委員会の人選, 運用, 目的——」『都市政策』123.

和川央 [2021]「自治体が実施する政策評価の課題」『都市問題』112(5).

（加藤　勝・佐藤　俊治）

Column 1　協働のススメ──NPO の生態系と行政メカニズムの理解──

　私の政策21との出会いは，2012年岩手県総合政策部と実施した，県民協働型評価「新しい公共における NPO 法人の役割とその支援策について」の報告会でした．想いだけで NPO の活動をしてきた私は，きちんと調査や検証をして社会的価値を共通言語として表現する．そしてそれをもって行政と対話するという方法が必要だと確信し，その手法を学ぶ為に，政策21の活動に関わりはじめました．

　私自身は，2005年位から一般企業の会社員をしながらボランティアで NPO をはじめ，2011年の東日本大震災後に設立した NPO 法人の職員となりました．実はボランティア時代は行政のメカニズムが良く分からず，なぜできないのか？　行政の責任ではないか？　ということを声高に言う，今考えるとクレーマーのような存在であったのだと思います．職員として NPO の活動に携わる中で，社会課題を継続的に取り組んでいく為には行政との協働は不可欠と理解していきました．

　東日本大震災という未曽有の災害の中で，国内外，県内外の NPO がはたした役割は本当に大きいものでした．しかしながら，社会全体に NPO の生態系についての理解がされているとは言えず，盲信に近い形で事業を任せた事により起こった NPO の事故もありました．NPO は行政のように事業を問題なく遂行するというベクトルよりは，自分達の考える理想の社会をめざす傾向があります．生態系を理解しながら相互理解をする事が必要です．

　また，NPO 側も行政のメカニズムを理解していない事が散見されます．議会と予算，人材育成の為の定期的な異動．行政職員が置かれている立場や評価指数．そういった事を理解していない為に，地域課題の解決の為に行政と協働する提案が出来ず，昔の私のようなクレームと受け止められる結果になってしまいます．

　政策21の活動に参加して，行政の政策評価の様々な手法に関わる事で私自身が行政のメカニズムを理解し，また行政に NPO の生態系を伝える事が出来るようになったと実感しています．

（葛 巻　　徹）

第6章 盛岡市における指定管理者制度導入施設の第三者評価

——協働による制度の推進に向けた評価——

✛ はじめに

　本章では，政策21が岩手県盛岡市において実施した指定管理者制度導入施設の管理運営に関する第三者評価について取り上げ，その実態，成果と課題について論じる．

　盛岡市における指定管理者制度導入施設の第三者評価は2007年から2017年にかけて実施され，指定管理者制度を導入しているおおむねすべての施設に対し2回の評価が行われた．このうち政策21が実施主体となった2011年以降の評価は，①それぞれの施設の持つ可能性を活かして，利用者満足度の向上を図る，②制度運用面での広がりや柔軟性を活かすことで，持続可能な運営となるよう指定管理者に促す，③現状と課題を整理することで，よりよい運用のあり方を盛岡市に示す，という3つの方向性を念頭に，管理運営の質の向上に資するよう，評価手法や結果のとりまとめ等の制度設計を行い実施している．

　また，盛岡市における指定管理者第三者評価は，評価活動を通じて指定管理者や担当課に管理運営上の気づきを促すきっかけとなり，双方のコミュニケーションの円滑化の一助となった．一方で，評価に関わる専門性の確保，評価結果の活用促進，評価コストの適正化などいくつかの課題も明らかとなっている．

✛ 1．指定管理者制度と第三者評価

（1）指定管理者制度の特徴

指定管理者制度は，2003年の地方自治法改正により導入された制度である．

それまで公共団体や一部の出資法人等のみが担うことが可能だった公の施設の管理運営について，民間企業等の幅広い参入を可能とした制度であると説明されることが多い．国や自治体における2000年代初頭の行政改革の一環として導入された経緯もあり，その目的は公共サービスの質の向上と施設の管理運営コストの削減にあるとされる．総務省の調査によると，2018年現在，この制度により管理される公の施設は全国で7万6268施設に上り[1]，制度としては一定程度定着した感がある．

　指定管理者制度の大きな特徴としてしばしば言及されるのが，制度の運用に際して自治体や指定管理者が持つ裁量の広さである．とりわけ，自治体を施設の管理運営業務の発注者，指定管理者を受注者としてみた場合に，業務の発注方式がそれまでの仕様発注から性能発注へ切り替わったことが，指定管理者の裁量を大きく広げることにつながっている．

　指定管理者制度導入以前に施設の管理運営を行政以外の主体に委ねる方法としては，指定管理者制度導入以前の地方自治法に規定されていた旧管理委託制度や，今日でも行われている警備や清掃といった施設の管理業務の一部を委託する方法があるが，前者は公の施設の公共性を背景として管理運営はあくまでも行政側が主体となることとされており，後者は私法上の請負契約という位置づけで，業務は発注者である自治体が定めた仕様に沿って行われる［宮脇2019：23-27］．いずれも受注者側の裁量余地は限定的で，発注者である自治体側が業務の内容を規定する考え方がとられており，受注者は自治体の仕様に沿って業務が履行できたかが成果の判断基準となる．

　これに対して指定管理者制度のもとでは，自治体は施設の管理運営において達成すべき成果水準を示し，そこに至る手法は指定管理者の裁量に委ねる性能発注方式を採ることが可能となった．このため，指定管理者は施設の管理運営に自らが持つノウハウや創意工夫を活かす余地が飛躍的に高まっている．この性能発注方式の導入が，幅広い事業者の参入を通じて公共施設の管理運営におけるサービスの質の向上やコストの削減を図るという指定管理者制度の目的を達成するうえで非常に重要な点となっている．

　一方で，性能発注方式においては，受注者の業務の成果が発注者が求める水準を満たしているかどうかを把握・判定する基準や手法を，発注者側が整備し

適切に運用できることが重要となる．特に指定管理者制度における性能発注方式では，公共工事等の場合と異なり次の点を考慮する必要がある．

　1つは，指定管理者制度による施設の管理運営はいわゆるソフト事業であり，業務の内容が必ずしも可視化されるものではないため，発注者と受注者との間での成果の共有が難しいという点である．成果水準を測定する手法一つとっても，指定管理者制度に対応するものとして確立した手法があるわけではなく，新たに発注者が整備する必要がある．もう1つは，指定管理者制度による施設の管理運営は指定管理者となる事業者のほか，自治体における指定管理者制度の所管課，個々の施設を所管する担当課，様々な団体や個人からなる施設利用者といった多くの関係者が存在し，それぞれの活動や相互の関わりの上に成り立っているものであり，指定管理者による管理運営の成果もそうしたプロセスを経て現れてくるという点である．公の施設は自治体が設置者であり，まずもって自治体の施策の方向性に沿って施設のはたすべき役割や運営の目的があるが，それを個々の施設の運営内容まで落とし込んだ場合に，必ずしも指定管理者である事業者や施設利用者が最初から同じ役割や目的を共有しているとは限らない．こうした状況の中で施設の管理運営における成果水準を定める際に，従来の仕様発注方式にあるような自治体からの一方的な成果水準の提示というかたちでは，指定管理者は求められた成果を達成することが困難となる場合がある．この2点は，指定管理者制度における性能発注方式に特有の，いわば新たな課題であるといえる．

　しかしながら，指定管理者制度が導入された際，こうした課題についての整理や性能発注にもとづく業務の進捗管理の手法の整備が全国的に体系立って行われることはなく，結果としてこの点についても裁量の範囲として自治体に委ねられることになった．このため，外形的には性能発注方式にもとづく管理運営の形をとっているものの，実際には自治体側において，指示は行政が行い民間が作業を担うという「上下関係・垂直的関係のガバメントで指定管理者との関係を認識する傾向が依然として強く」，指定管理者に対して「過度な介入やお願いが行われたり，地方公共団体と指定管理者間では十分な情報共有が行われず（中略）質の劣化を生んでいる例も多い」［宮脇 2019：35］ことが指摘されるなど，指定管理者制度の運用が従前の仕様発注の考え方に近い形で行われ，

性能発注方式のメリットが生かされていない状況がある.

（2）指定管理者制度における第三者評価の位置づけ

　指定管理者制度は，評価の実施が制度上義務付けられているわけではないが，多くの自治体で指定管理者制度を導入した施設の管理運営について何らかの評価を行っている．指定管理者制度に評価が求められる背景として，時代的な側面と，制度的な側面を指摘することができる．時代的な側面は，制度が国において検討・導入された1990年代後半から2000年代初頭にかけての行政改革の流れである．自治体におけるアウトソーシングの進展，財源の不足，税金の使い方や公共サービスの効率性，サービス水準と経費のバランスに関し合理的な説明が求められるようになったことなどから，公共事業評価や事務事業評価など行政活動の様々な場面において評価が積極的に取り入れられるようになった.

　また，制度的な側面として，指定管理者制度の導入には，イギリスのサッチャー政権時代に発する NPM の影響があると言われている．これは，業績／成果による統制，市場メカニズムの活用，顧客主義，ヒエラルキーの簡素化を基本原理としており［大住 2003：5］，公共部門のマネジメントを目標管理型システムへ転換しようとするものであったとされている．この考え方にもとづく一連の取り組みにおいては，公共部門の管理者に広く裁量を与え，その代わりに結果を重視し，アカウンタビリティを要請するという側面がある.

　こうした側面から，指定管理者制度においても何らかのかたちで評価を組み込むことが求められることとなり，特に評価結果の客観性や公正性を担保する観点から，第三者による評価を実施する自治体も現れることとなった．初期の例としては横浜市が挙げられる［柳原 2009：26-29］．また，本章で取り上げる盛岡市においても，制度が全国的に導入された後比較的早い時期から第三者による評価を開始している［新田 2011：170-171］．前述した総務省の調査によると，2018年現在で，指定管理者制度導入施設のうち評価に外部有識者等の視点を導入している施設は都道府県で56.8％，指定都市で61.4％に上るとされるが，第三者評価については，各自治体が独自に制度設計を行っているのが現状である.

＋　2.　盛岡市における指定管理者制度導入施設の第三者評価

（1）第三者評価実施の背景

　盛岡市では，2003年から指定管理者制度の導入を開始している．いくつかの施設に先行して導入したのち，2006年度から本格導入となり，公の施設の多くが指定管理者制度へ移行することとなった．

　当時，指定管理者制度の導入は，他の多くの自治体がそうであったのと同様に，行財政改革の一環として行われた．2004年度から3年間を取り組み期間とした「盛岡市行財政構造改革の方針及び実施計画」では，補助金・負担金や公共事業の見直し，公正の確保と透明性の向上など11の取り組み項目が掲げられているが，その中の1つに「公共部門の民間委託とNPO，地域住民との協働の推進等」という項目があり，指定管理者制度の導入はこの中に位置づけられている［盛岡市 2004：16］．

　盛岡市では，この取り組み項目において，「官と民との役割分担や責任の確保策，効率性，サービス水準を検証」しながら，「積極的に民間委託やNPOを含む民間，地域住民との協働，PFIの導入を推進」するとしており，それによって「市民とともにつくり上げる質の高いサービスへの転換を図る」としている．指定管理者制度についてもこの方向性のもとに位置づけられており，当初から，指定管理者による施設の管理運営を，指定管理者や市民との協働の考え方を土台として，より質の高い施設運営を実現するための手段の1つと位置づけていたことが窺える．

　しかし実際には，指定管理者導入に際しての目的や効果に関する議論は，コスト削減に焦点があてられることになった．たとえば，2005年に，指定管理者候補者となった民間事業者を指定管理者に指定する議決において，収入が支出を上回り利益剰余金が生じることを予め見込んだ収支予算書を提出していた指定管理者候補者について，指定管理者が利益相当分を見込んで予算計上することが妥当なのか，予め収支に差分があることが明らかな場合はその分指定管理料を減額するなどの対応が必要ではないか，といった論点が提起され，そこから当該候補者が指定管理者として妥当なのか，という議論が展開されることと

なった.[2)]

　こうした議論が生じた背景として，次の2点が考えられる．1つは，行財政構造改革の方針および実施計画が財政危機への対応を指向する内容を含んでいたことから，その中に位置づけられている指定管理者制度も財政再建のため，すなわちコストカットの取り組みだというイメージが先行した可能性である．もう1つは，先に述べた仕様発注から性能発注へと管理運営のあり方が変化した一方で，受注者の業務の履行状況を把握しその成果を可視化する，あるいは関係者間で共有する仕組みが整備されていなかったため，それまでの仕様発注の評価の指標であったコストの部分が，そのまま指定管理者による管理運営の成果水準を示す指標として注目された可能性である．

　結果として，この候補者は議決を経て指定管理者に指定されたが，この間の議論では上記のとおりコストの取り扱いに焦点が当てられ議論に多くの時間が割かれた一方で，この事業者が提案していた事業計画の内容や期待される成果といった，管理運営の質に関することはほとんど話題に登ることがなかった．この例は，指定管理者制度において，指定管理者の業務が仕様に定める水準を満たしているか，市の施策目的に照らして成果をあげているかを把握，共有するための仕組みの必要性が顕在化するきっかけの1つとなった．

（2）第三者評価制度の経過

　制度導入当初から，指定管理業務に関する仕様において自己または第三者による評価を実施する旨を盛り込んでいたことや，上記のような制度導入前後の背景もあり，盛岡市では制度を本格導入した翌年の2007年から，指定管理者制度導入施設における第三者評価を開始している．

　初年度および2年目の評価に際して，政策21はアドバイザーとして評価主体の支援に携わっており，3年目以降は当法人が他の法人と共同体を組んで業務を受託し直接関わってきた．

　盛岡市による評価実施者の選定は，初年度（2007年度）と2年目（2008年度）は，評価方法の提案を主眼としたプロポーザル方式により行われた．2011年度から2014年度までも公募による選定となり，2015年度は，随意契約方式に変更となっている．背景に，最初の2年間の評価活動を通して，評価の枠組みがほ

表6-1　各年の評価主体

年度	評価主体	施設数
2007	NPO法人いわてNPOセンター・NPO法人シニアパワーいわて共同体	77
2008	株式会社邑計画事務所・NPO法人シニアパワーいわて共同体	48
2011	NPO法人政策21・株式会社邑計画事務所共同体	6
2012	NPO法人政策21・株式会社邑計画事務所共同体	5
2013	NPO法人政策21・株式会社邑計画事務所共同体	4
2014	NPO法人政策21・株式会社邑計画事務所共同体	54
2015	NPO法人政策21・株式会社邑計画事務所共同体	51
2016	NPO法人政策21・株式会社邑計画事務所共同体	31
2017	NPO法人政策21・株式会社邑計画事務所共同体	46

出典：各年度の『盛岡市指定管理者制度導入施設における管理運営等に係る第三者評価業務報告書』より筆者作成.

ぼ確定し固定化したことや，評価の担い手となる専門的なノウハウを持つ事業者が他に現れていないといった事情がある.

　年度別の評価主体と評価の対象とした施設数は，表6-1のとおりである.

　初回の評価は，制度導入から1年以上が経過した77施設を対象として実施された. 初回の評価にあたっては，9項目（① 設置目的・役割，② 管理体制，③ 施設・設備の維持管理状況，④ 経営状況の適正化，⑤ サービスの向上，⑥ 目標値の設定と達成度合い，⑦ 個人情報の適正管理，⑧ 協働の視点，⑨ その他（設置者評価の実施））を設定し，それぞれを5段階（5点：特に優れている，4点：やや優れている，3点：標準，2点：やや劣っている，1点：特に劣っている）で評価している. 利用者満足度を把握するためのアンケート調査や担当課へのヒアリング，指定管理者へのヒアリング等を通じて評価結果を取りまとめる形で実施された.

　この年の評価報告書では，評価結果について「制度全体として，導入後間もないが故の未成熟さが感じられた.」とされており，「具体的には，① 現状の仕様書では，自己評価もしくは第三者評価の実施のいずれかでよいと規定されており，評価が十分に機能する形で事業実施の流れの中に組み込まれていない. ② 公募時における適正価額の設定が無く，上限の設定のみであり，過当競争の結果サービスの低下を招く恐れがある. ③ 公募要項の中に事業実施にあたっての具体的指標が乏しく，指定管理者・設置者双方に，事業を評価する仕

組みを構築しにくい.」といった課題が提起されている.さらに,指定管理者側には「管理の意識が強く,仕様通りの業務を実施することに重点が置かれている」「担当課側も協働に関する理解が進んでおらず,事業の発注側という認識が強い」といった,制度運用にあたっての多くの課題が挙げられている〔いわて NPO センター・シニアパワーいわて共同体 2008：8-9〕.

　しかし一方で,設置目的やサービスの受益者の範囲が異なる各施設に対して共通の評価項目を設定し,評価結果が 5 段階で数値化して示されたため,「施設の特性を十分に踏まえていない」「個々の施設の管理運営の状況に優劣をつけられた」という認識を抱いた施設も多く,評価結果に対して指定管理者側から批判も寄せられることとなった.評価する側にも,評価経験の蓄積がないことを背景に評価者による判断のばらつきがあり,こうした指定管理者側の認識を助長する要因の 1 つとなった.そして,盛岡市にとっても,指定管理者にとっても,公共施設の管理運営に対して第三者から評価を受けるのは初めての経験であり,評価の狙いや活用方法に関する関係者間の理解が今ほど浸透していなかった.このため,初回の評価においては,担当課や指定管理者が評価結果を受け入れ,そこからさらにサービスの向上を図る取り組みを見出そうとするといった,「協働による管理運営の質の向上を目指す」という盛岡市が想定した指定管理者制度導入の狙いに沿った動きが生まれる状況までには至らなかった.

　翌年度（2 年目）の評価は,初年度の評価を担った共同体の構成員のうち一者が交代して実施することとなった.その際,施設特性に配慮した評価の実施や,特に指定管理者に対して第三者評価の目的の明示など評価の趣旨を明らかにすることなど,前年度に寄せられた意見等を踏まえて改善を行った.具体的には,① 5 段階の点数化から SABC 評価への変更,② より分かりやすい評価基準への見直し,③ 評価者（チーム員）に対する事前説明の強化,④ 類似施設における評価結果の比較検討である.これらの改善によって,第三者評価を巡って前年度生じた混乱の解消を図った.

　まず評価基準の見直しについては,前年同様に 5 段階とし,仕様書を満たしている場合を A 評価,その水準よりも優れた取り組みについては,AA（仕様書をやや超えた業務を行っている）と S（特に優れている業務を行っている）の評価とし

た．また，B（仕様書をやや満たさない業務を行っている）およびC（著しく仕様書に満たない業務を行っている）評価を設定した．A評価は，初年度における 5 段階評価の 3 に対応しているが，A評価に変更したことで，指定管理者が評価結果を受け止める際の印象が改善された．ここでは，以前の数字による評価が学校教育現場で成績の評価に用いられている 5 段階評価と同じ印象で受け止められ，「3 ＝標準」という評価が指定管理者側は受け入れがたいものであったという点に注目し，「3」を「A」に置き換えて，「A＝仕様を満たしている」に変更したことがポイントである．

　また，2 年目以降，表 6 - 2 の 9 項目と29事項を評価内容とし，それぞれのチェック方法および評価の目安等について「指定管理者ヒアリング調査の手引き」を作成し，その内容に沿った評価を行うことで，評価者間，さらには年度間の評価視点の平準化を行ってきた．

　そして，施設の多様性に対する配慮を行った．第三者評価の対象は，地区活動施設や社会福祉施設，スポーツ施設，生涯学習施設，文化施設，観光施設，駐車場施設，公園施設，勤労福祉施設，産業支援施設など多岐にわたることから，評価にあたっては，それらの相違点，多様性に配慮した．特に，管理運営にあたっての目標設定に関しては，「目標値」の設定が困難な場合がある．このため定量的に「目標値」が明示されない場合には，指定管理者から，施設の設置目的や役割，地域特性等を聞き取り，それらを背景に「目標」とされている点を把握し，めざす方向を意識した運営の実態に注目してきた．

　第三者評価は，その後，2011年から2017年にかけて引き続き実施され，この間はすべて政策21が直接関わっており，上述の仕組みを基本として継続して評価を行った．

（3）第三者評価の実施手順

　盛岡市における第三者評価では，最初に指定管理者自身が行っている自己点検の実施状況を把握する調査として，「指定管理者自己点検等に関する調査票」による調査を行う．この中で，指定管理者が施設利用者の満足度をどのように把握しているかを明らかにし，その結果を運営にどのように反映しているかを把握する．これらの結果については，指定管理者ヒアリングの際に内容を確認

表 6 - 2　評価項目と内容

項　目	内　容
① 施設の設置目的や役割について	1-1：基本方針は，施設の条例等の設置目的に合致しているか. 1-2：基本方針を全職員に周知，理解させているか.
② 指定管理者制度を導入している施設の管理体制について	2-1：事業計画どおりに，業務が執行されているか. 執行されていない場合，代替の手段はとられているか. 事業内容に創意工夫がみられるか. 2-2：仕様書にもとづいた職員配置となっているか. 配置されていない場合の理由，代替の手段はとられているか. 自主事業の実施体制等に問題がないか. 2-3：施設の設置目的や課題・問題に対応した適切な研修を行っているか. 専門的知識・技能を向上させる研修体制となっているか. 2-4：火災や地震など緊急時や防災対策の標準書（手引き，マニュアル）等を作成し，対応方法について指導しているか.
③ 施設・設備の維持管理について	3-1：指定管理者の管理に起因する事故は発生していないか. 3-2：補修・修繕，日常的な清掃などにより，機能・美観が良好な状態に保たれているか. 3-3：施設設備の維持・管理に関して，利用者や近隣住民から苦情はあったか. それに対して適切に対処したか.
④ 経営状況の適正化について	4-1：指定管理者制度導入前と比較して，経費節減効果があったか. ない場合，どのような理由，事情によるか. 4-2：業務を再委託する際の手続は適切か. 4-3：経費の縮減及び効率的な管理運営のための創意工夫が見られるか. 4-4：会計処理に誤りや不正が起こらないような措置がとられているか.
⑤ サービスの向上について（自主事業を含む）	5-1：利用申込の受付手順は適正か. 苦情はないか. 5-2：同一の団体が同一の曜日・時間等を利用していないか. 利用している場合，その理由を職員は明確に答えられるか. 5-3：施設の利便性向上を図るための情報発信の方策は有効なものか. 5-4：自主事業は，施設の設置目的・ミッションに合致し，内容は，利用者増または利用者の利便向上に寄与しているか. 5-5：利用者の要望・意見・苦情を把握し，改善に結びつける手順が決められ，職員に周知され，運用されているか. 5-6：施設の運営に利用者が関与することについて，何らかの方策がとられているか.
⑥ 目標値の設定と達成度合いについて	6-1：目標の設定は有効かつ現実的なものか. 6-2：管理運営全般の定期的評価，個々の自主事業についての目標設定と評価，改善が行われているか.
⑦ 個人情報保護における個人情報の適正管理について	7-1：個人情報保護に関する取扱ルール，マニュアル作成など，書類や電子媒体の管理に職員の意識づけがされているか. 7-2：個人情報取扱いに関し，市民・利用者から苦情や指摘を受けていないか. 受けている場合，どのように対処したか.
⑧ 協働の視点について	8-1：協定書に定められた協議事項について，適切に協議が行われているか. 8-2：定期報告書は，期日までに提出されているか. またその内容は適切か. 8-3：担当課との間で，施設に関する課題・問題点の共有，維持・管理に関しての担当課からの指導・指示が行われているか. 8-4：業務執行に関して担当課から指導・指示を受けたり，担当課との協働により事業を実施したり，課題を解決した実績があるか. 8-5：担当課が実施した設置者評価の結果を，施設の管理運営の改善につなげているか.
⑨ 利用者アンケートについて	9-1：利用者満足の把握に取り組んでいるか. その結果を運営に反映させているか.

出典：政策21・邑計画事務所共同体 [2018].

する.

　次に, 指定管理者に関する担当課の視点からの評価情報を収集するために, 各施設の担当課を対象にヒアリングを実施し, 現状と課題についての情報共有を図る. その際, 1つの課で複数の施設を担当している場合には, 一括して実施する.

　また, 指定管理者に対するヒアリング実施の準備として, 担当課が保管する指定管理者関連書類 (事業計画書・自主事業計画書・収支予算書・協定書・事業報告書・収支決算書・自己評価表・設置者評価表等) の提供を受けて, 内容の確認とヒアリングの中で明らかにすべき事項を抽出する.

　以上の調査等と並行して訪問日の日程調整を行い, 指定管理者ヒアリングを実施する. それぞれの指定管理者に対する訪問ヒアリング調査は, 原則として調査員2名によるチームを編成し, 全施設を対象に実施する. その際, 前述した「指定管理者ヒアリング調査の手引き」にもとづき, 個別評価項目について5段階で評価する. 各施設においては, 施設管理責任者・実務担当者等を対象に, 1施設当たり2〜3時間の調査を行う.

　その後, 調査結果にもとづき, 報告書のとりまとめを行う. 施設ごとの評価結果については, 確定する前に担当課との間で事実誤認の有無などの確認を行う. 担当課は, 必要に応じて, 指定管理者と記載事項内容に関する確認を行う. 報告書は, ① 評価業務の概要, ② 調査結果 (全体の傾向および施設別評価結果), ③ 今後に向けた課題等, ④ 資料編で構成される. 施設別評価結果では, 各施設において「管理運営の面で優れている点」および「今後に向けて充実が期待される点」として, 具体的な評価結果の概要を記載している. 以上の一連の流れについて図示すると図6-1のとおりである.

(4) 評価の結果

　同じ基準で評価を行った2008年度以降の評価結果は, 表6-3のとおりである. 8回の評価を通して, 全施設, すべての項目で, A評価 (仕様書を満たしている) 以上の結果となっている. 各評価の比率をみると, AA評価が最も多く4〜5割を占め, 2012年度以外はA評価の比率がS評価を上回っている. 年度により各評価の比率は大きく変動していないものの, 実際にヒアリングを行

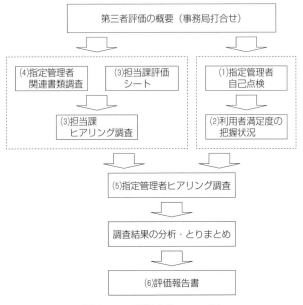

図6‑1　評価実施フロー図

出典：政策21・邑計画事務所共同体［2018］.

　い評価に携わってきた実感として，全体のレベルは向上してきている．背景に，指定管理者のうち，とくに複数ある市の外郭団体や一部の民間事業者においては，地区活動施設や社会福祉施設，文化施設など類似施設を複数管理運営している中でノウハウの蓄積が進み，その結果，それらにおいては，全体的に「仕様をやや超えた水準の業務を行っている（AA 評価）」レベルとなっている傾向が見られる．その結果，「特に優れている業務を行っている（S 評価）」と判断される管理運営の水準が，全般的に高くなってきている傾向がある．

　表6‑4は，2巡目となった第三者評価において対象施設数が多かった2015年度の項目別評価結果である．

　項目別の傾向を見ると，「(1)施設の設置目的や役割」および「(2)指定管理者制度を導入している施設の管理体制」，「(3)施設・設備の維持管理」に関しては，多くの施設で AA 評価（(1)93.1％，(2)82.4％，(3)76.5％）となっている．

　また，「(4)経営状況の適正化」では，市の外郭団体や民間事業者を中心に，業務を再委託する際の手続きや会計処理の手順などが特筆すべき水準で適切に

表6-3 各年度の評価結果 (評価比率)

年　度	評価比率（%）						
	S	AA	A	B	C	対象外	計
2008	14.2	44.8	19.2	0.0	0.0	21.8	100.0
2011	24.7	40.8	28.2	0.0	0.0	6.3	100.0
2012	24.8	52.4	15.9	0.0	0.0	6.9	100.0
2013	19.0	44.0	29.3	0.0	0.0	7.8	100.0
2014	20.6	51.5	22.5	0.0	0.0	5.4	100.0
2015	17.6	47.5	26.1	0.0	0.0	8.7	100.0
2016	13.3	47.3	34.4	0.0	0.0	5.0	100.0
2017	16.2	57.1	21.4	0.0	0.0	5.3	100.0

注1：評価比率は，各年度の評価対象全体の平均値.
注2：対象外とは，施設により評価項目が該当しないものなど.
出典：各年度の『盛岡市指定管理者制度導入施設における管理運営等に係る第三者評価業務報告書』より筆者作成.

　行われていることから，S評価の比率が39.2%と高くなっている．また，経費節減効果に関しては，2期目に入り指定管理者制度導入前との比較ができないケースなどがあるため，評価の「対象外」が25.5%を占めている．

　AA評価の比率がやや低いのは，(5)および(6)の項目である．「(5)サービスの向上」に関しては，施設の利便性向上を図るための情報発信や自主事業の実施，利用者の要望・意見・苦情を把握して改善に結びつける手順と周知・運営など，施設による取り組みの差が大きく，S：15.4%，AA：57.8%，A：9.5%と，評価が分かれる結果となっている．

　また，「(6)目標値の設定と達成度合い」については，目標値の設定が容易ではない施設が含まれており，施設の性格や指定管理者の実際の関わり方などをヒアリングの中で把握し，定量化が困難な場合はめざす方向と運営実態を総合的に判断して評価することが求められてきた．その結果，評価が，S：25.5%，AA：48.0%，A：26.5%と，大きく分かれる結果となっている．

　一方，「(7)個人情報の適正管理」は，マニュアルの整備と管理の意識づけ状況，苦情の有無などによる評価であり，SとAの評価が各々50.0%に分かれている．

　これに対して，相対的に評価が低かったのが「(8)協働の視点」である．たと

表6‐4　2015（平成27）年度における項目別評価の結果

評価項目		評価結果						
		S	AA	A	B	C	対象外	計
(1)施設の設置目的や役割について	項目数	3	95	4	0	0	0	102
	%	2.9	93.1	3.9	0	0	0	100
(2)指定管理者制度を導入している施設の管理体制について	項目数	23	168	13	0	0	0	204
	%	11.3	82.4	6.4	0	0	0	100
(3)施設・設備の維持管理について	項目数	31	117	5	0	0	0	153
	%	20.3	76.5	3.3	0	0	0	100
(4)経営状況の適正化について	項目数	80	35	37	0	0	52	204
	%	39.2	17.2	18.1	0	0	25.5	100
(5)サービスの向上について（自主事業を含む）	項目数	47	177	29	0	0	53	306
	%	15.4	57.8	9.5	0	0	17.3	100
(6)目標値の設定と達成度合いについて	項目数	26	49	27	0	0	0	102
	%	25.5	48	26.5	0	0	0	100
(7)個人情報保護における個人情報の適正管理について	項目数	51	0	51	0	0	0	102
	%	50	0	50	0	0	0	100
(8)協働の視点について	項目数	0	23	208	0	0	24	255
	%	0	9	81.6	0	0	9.4	100
(9)利用者アンケートについて	項目数	0	39	12	0	0	0	51
	%	0	76.5	23.5	0	0	0	100
計 （29項目）	項目数	261	703	386	0	0	129	1479
	%	17.6	47.5	26.1	0	0	8.7	100

注1：項目数は，(1)〜(9)各区分について51施設を評価した結果をカウントしたもの.
注2：％は，(1)〜(9)各区分における，各評価項目数／項目数計×100の値.
出典：政策21・邑計画事務所共同体 [2016].

えば市の外郭団体が指定管理者となっている施設の場合，指定管理者と担当課間のやりとりは各施設から月次報告が外郭団体本部を通じて担当課に届くといった形で直接の接点が少ない例が目立った．また，それ以外の施設においても，協働で何らかの事業等を行う事例は希であり，施設設備の修繕関連の協議が行われている程度に止まっていることから，評価はAが81.6％で多数を占めている．

　最後の項目である「(9)利用者アンケート」については，市の担当課が毎年仕

様書にもとづく業務の履行状況を確認し公表するため行うモニタリングに際して，利用者アンケートによる利用者意見の把握が行われ，その結果の一部は運営に反映されている状況にあることから，AA 評価が76.5％となっている．

┼　3．指定管理者制度における第三者評価の可能性

（1）盛岡市の第三者評価における成果

　盛岡市の指定管理者制度導入施設の第三者評価について，特に政策21が直接評価を担った2008年度から2017年度までの評価活動を通じて得られた成果として，次の5点が挙げられる．

　第1に，施設の管理運営に対する利用者の評価を可視化できたことである．本評価においては，利用者アンケートによる利用者の意向の把握，分析等を行っているが，この際，利用者のいわば「生の声」をそのまま利用者からの評価とするのではなく，施設ごとに異なる設置目的，施策との繋がり，自主事業の実施状況などを加味した分析を加えることで，施設を取り巻く状況も踏まえた客観的な評価として可視化するよう努めた．これにより，施設が持つ可能性を生かしつつ利用者満足度の向上につながる取り組みを提案することにつながった．

　第2に，管理運営の質の向上に向けた「気づき」の促進が挙げられる．ヒアリングにおける，施設の設置目的や市の施策推進において施設が担う役割の確認，目標値の設定状況や管理運営の実態などの聞き取りが，指定管理者に管理運営上の「気づき」を促すきっかけとなった．ヒアリングは，「ヒアリング実施の手引き」の作成等を通じて，ヒアリング実施者側のスキルアップも図っており，ヒアリングの中から施設の管理運営の質の向上につながる点を見出す対話となることを意識して実施した．また，事前に提出を求める自主点検表や事業計画等の内容の把握，さらには指定管理者制度の趣旨や評価の狙い，各施策分野の動向など政策的にも広範な背景を把握，整理したうえでヒアリングを実施することとしており，その準備に相応の時間と労力をかけている．この点においては政策21がこれまで蓄積してきた政策の分析・評価に関する専門性や経験も発揮されている．こうした入念なヒアリングの準備により，指定管理者と

のヒアリングは単に管理運営の状況を把握することにとどまらず，施設の管理運営の質の向上をめざす協働のパートナーとしての建設的な対話につながることとなった．

　第3に，複数の施設の運営状況を横断的に把握，分析することを通じて，指定管理者制度そのものについても現状と課題の整理と可視化ができたことが挙げられる．指定管理者制度による管理運営では，通常，管理運営上の成果や課題は担当課と指定管理者の間で共有されることが多いが，運営上の課題を克服するために制度そのものの改善が必要な場合もある．第三者評価を通じこうした点を析出・可視化することで，制度所管課にとっては現場の状況を反映させた効果的な制度の改善を図ることが可能となる．たとえば2011年度の評価報告書では，今後に向けた課題として，評価やマネジメントの取り組みやサービス水準の明確化の必要性などを指摘しており，2015年度の評価報告書では，文化・観光に関連した複数の評価対象施設が近接しているケースにおいて，担当課や指定管理者の枠をこえた連携を図ることにより，利用者満足度のさらなる向上が見込める可能性を指摘した．

　第4に，長期にわたって評価を担ったことで，評価基準のブラッシュアップや評価者側のレベルアップにもつながったことが挙げられる．特にヒアリング業務には，前述した「指定管理者ヒアリング調査の手引き」にもとづき，2008年度以降の評価をすべて担当した1名を含む6名の評価者が中心となって継続的に従事したことで，評価基準の共有と理解を深めることができた．また，施設類型が多岐にわたっている中，継続的に評価業務に携わることで，類似施設の状況を把握している評価者が現場に入ることが可能となり，各施設の管理運営の成果や課題についてより踏み込んだ内容の聞き取りや分析を行うことができた．

　第5に，市と指定管理者とのコミュニケーションの円滑化が挙げられる．前述のとおり，盛岡市は指定管理者を協働のパートナーとして施設の管理運営の質の向上を図ることをめざしており，本来は両者で随時，意見交換や情報共有が行われることが望ましい．しかし，そうした意見交換や情報共有を常時実施することは時間的，距離的な制約があり現実には難しい．また，発注者と受注者としての立場もあるため，仕様に定める業務やリスク分担，費用負担に関す

るシビアな部分は，率直な意見交換がしづらい場合もある．

　こうした点について，政策21が第三者の立場で担当課，指定管理者それぞれに対するヒアリング等を実施する中で，それぞれの意見や要望について率直な内容を把握し，相互に共有するきっかけとすることができた．特にこの際，単に相互に対する要望事項を政策21から伝えるということではなく，ヒアリングの準備段階での施設の現状把握，さらには指定管理者制度の趣旨や評価の狙い，各施策分野の動向など施設を取り巻く状況の把握から得られる知見を踏まえてそれぞれの意見や要望の背景を整理し，施設の管理運営の質の向上という共通の目的に向かって，担当課と指定管理者の両者がそれぞれの立場を理解し，具体的な取り組みを考えるきっかけとなるように努めた．

（2）今後の課題

　今後に向けた評価側の課題としては，第1に，指定管理者である団体の多様性や各施設の特性の違いを踏まえた評価の質の確保が挙げられる．指定管理者には様々な団体（市の外郭団体，民間事業者，社会活動団体，地域団体等）があり，それぞれ得意とする活動の分野や手法が異なること，管理する施設も施設類型や設置目的が個々に異なっていることから，予め定めた評価項目に指定管理者の活動状況を落とし込んで評価を実施していく際には，施設ごとに異なる視点での分析や整理が求められる．これまで，地域活動や社会教育，社会福祉，産業振興などの専門性を有する評価者をヒアリング等の調査に充てることで，施設の特性や指定管理者となっている団体の特性を踏まえた評価を行ってきたが，そのような評価を今後も続けていくためには，評価者としての専門性の確保とレベルの維持が不可欠であり，これをどのように持続させていくかが課題である．さらに，人口減少社会への対応や地方創生，アセットマネジメントの進展など，社会経済情勢の変化が大きく，かつ速度を増している中にあって，各施設を取り巻く環境の変化や今後の方向性についてある程度の見通しを持ち，今後の施設の利活用に関してより具体的な提言ができる専門性を有することも，評価者の資質として一層求められることになるであろう．

　第2に，評価結果の活用促進についてである．本評価において，指定管理者に気づきを促すことや担当課への提言など，より質の高い管理運営につながる

よう様々な仕組みを盛り込んできたことは先に述べたとおりである．その結果，指定管理者の業務改善につながった例はいくつか見受けられるものの，長期的な管理運営の方向性の改善や，制度そのもののブラッシュアップに繋がった例は少ないと考えている．評価実施には指定管理者側，担当課側ともかなりの時間や労力を要していることを踏まえると，評価結果もそうした時間や労力に見合うかたちでさらなる活用促進が期待される．また，評価を担った政策21としても，評価の実施までで関わりを終えるのではなく，評価で蓄積された知見を踏まえて，アドバイザリー的な立場で継続して指定管理者の活動に関わるなど，新たな枠組みの構築についても検討の余地がある．

　第3に，これまでの点と相反する内容を含むが，評価コストの低減が挙げられる．指定管理者制度は市の制度所管課，担当課，施設利用者，地域住民など，関わる主体が多様であり，それぞれが施設の管理運営に求めるものが異なるという側面がある．こうした側面をすべて評価に取り込もうとすると，評価項目は膨大なものになり，かなりの時間や労力も必要となる．特に，施設の管理運営を担う指定管理者はそうした評価項目のすべてに関わることが求められ，評価が大きな負担になると見込まれる．

　指定管理者制度に何らかのかたちで評価を組み込んでいる自治体は多いが，このほかに従前からの取り組みとして施設利用者の協議会などとの意見交換を定期的に実施している場合や，指定管理者側が業務の水準を検証するために独自の基準で管理運営の状況を点検している場合などもある．これらも広い意味で評価に含められるとすれば，指定管理者が評価にかけている時間や労力はすでに相当のものになっている．また，施設類型ごとの専門性の違いに配慮しようとすれば，対応できる人材の確保などでもコストが増加することが考えられる．

　指定管理者が，管理運営上求められる様々なニーズにどこまで応えるかは，まずもって自治体との協定や仕様に示されている．この協定や仕様を定める段階において，評価の実施範囲や実施方法についても予め整理するなどして，評価によって得られる便益とコストのバランスを取り，必要な評価を必要な範囲で実施していくことが望ましいと考えられる．

（3）指定管理者制度における協働型評価の可能性

　盛岡市の指定管理者制度導入施設の管理運営に関する第三者評価は，評価の着眼点，評価項目，評価実施の手順など，評価制度の構築と運用の全般について，盛岡市と政策21がともに検討を行いながら取り組んできた.

　指定管理者制度は，これまで述べたとおり，自治体，指定管理者，施設利用者といった複数の主体の活動の上に成り立つ制度であり，施設類型，施設規模，さらには設置目的や寄与すべき政策目的が異なるなど，施設が置かれている環境が極めて多様である．そのような中，一律の基準や視点による評価を行うとすれば，評価を実施する側としては作業がしやすいが，施設の実態をうまく反映できず，被評価者となる指定管理者にとって有益なものとならない可能性もある.

　同じ制度にもとづき運営されている施設とはいえ，上記のような多様性のもとでは，各施設の管理運営の状況について，施設の設置目的やその背景となる政策分野の動向，指定管理者となっている団体のミッションや特徴など，管理運営に関わる多くの要素を施設ごとに丁寧に解きほぐす必要がある．また，評価結果は，自治体，指定管理者，施設利用者のほか，広義には議会や市民なども含めた施設を取り巻く多くの関係者に対して，施設の管理運営の状況を客観的に説明するに足るものであることが望ましく，特に自治体や指定管理者にとっては今後の管理運営の質の向上に資するものであることが求められる.

　こうした指定管理者制度の多様性，専門性を踏まえて，求められる評価を実施するためには，施設の管理運営業務の発注者側である自治体が一方的に評価の目的や基準，手法を設定するのではなく，市，指定管理者，評価実施者がともに評価の手法を議論し，視点を整理し，評価の目的を共有して進めていく「協働型評価」が効果的であると思われる．政策21は，盛岡市における指定管理者制度導入施設の第三者評価において，この点を重視し評価を実施してきた.

　一般的に第三者評価には，不正や仕様からの逸脱を防ぐ目的でチェックの目を光らせる「監視」の機能と，課題の抽出やアイデアの注入・助言等により改善や向上に結びつける「推進」の機能の，大きく2つの機能が期待される［岩渕 2007：66-71］．これら2つの機能を盛岡市における第三者評価の目的に照らして整理すると，公の施設としての管理および提供すべき市民サービスの水準

を確保・維持するため，法令や協定書，仕様書等に即し，合法性や合規性などの観点からチェックする機能が「監視」にあたり，公の施設としての管理および提供すべき市民サービスの最低水準を超え，効率的な施設の管理運営や提供する市民サービスの向上につなげられる有効な情報を抽出し，マネジメントの改善・向上に向けた設置者・指定管理者の協議・検討の場に提供する機能が「推進」といえる．

政策21が実施してきた盛岡市の指定管理者制度導入施設の第三者評価は，監視と推進の双方の機能を取り入れた制度設計となっているが，「推進」の機能について重視している点に特徴がある．そのため，様々な特徴を持つ多くの施設の管理運営の水準を一定に保つ効果や，市民へのサービス向上に向けた指定管理者の意欲の醸成に貢献してきたといえる．少なからず評価コストがかかるため，すべての指定管理者制度導入施設で一律に実施することは難しい面もあるが，今後，少子高齢社会や人口減少社会の進展により，市民サービスの担い手も受益者も減少することが見込まれる中にあって，第三者評価は「監視」の機能以上に，より効率的な管理運営と提供する市民サービスの質的向上につなげられる「推進」の機能が重要になり，ますます求められることになるように思われる．政策21としては，今回の評価で得られた知見をもとに，指定管理者制度における評価の質の向上が図られ，担当課や指定管理者にとって有益な評価となるよう，今後も評価の質の向上に取り組みたいと考えている．

注
1）　総務省「公の施設の指定管理者制度の導入状況等に関する調査結果（令和元年5月17日公表）」（https://www.soumu.go.jp/main_content/000619284.pdf, 2021年7月30日閲覧）．
2）　盛岡市「盛岡市議会会議録検索システム」（https://ssp.kaigiroku.net/tenant/morioka/MinuteView.html?council_id=367&schedule_id=1&is_search=true, 2021年7月30日閲覧）．

参考文献
有本新［2021］「自治体における政策決定と政策実施——公共施設の管理を題材に——」『同志社政策科学研究』23(1)．
いわてNPOセンター・シニアパワーいわて共同体［2008］『平成19年度 盛岡市指定管理

者制度導入施設における管理運営等に係る第三者評価業務報告書』.

岩渕公二［2007］『外部評価の機能とその展開——行政監視と政策推進——』第一法規.

大住荘四郎［2003］『NPM による行政革命』日本評論社.

熊谷智義・岩渕公二［2016］『指定管理者制度導入施設の管理運営に関する第三者評価の
　　実態——岩手県盛岡市の取り組みを事例に——』（http://www.takahashid.com/chii
　　kikeikaku/20160528-2.pdf, 2021年2月2日閲覧）.

小島卓弥・南学［2009］「行政アウトソーシング新事例——最前線における現状と課題⒇
　　指定管理者制度におけるモニタリングと第三者評価——」『地方財務』655.

政策21・邑計画事務所共同体［2012］『平成23年度 盛岡市指定管理者制度導入施設におけ
　　る管理運営等に係る第三者評価業務報告書』.

————［2013］『平成24年度 盛岡市指定管理者制度導入施設における管理運営等に係る
　　第三者評価業務報告書』.

————［2014］『平成25年度 盛岡市指定管理者制度導入施設における管理運営等に係る
　　第三者評価業務報告書』.

————［2015］『平成26年度 盛岡市指定管理者制度導入施設における管理運営等に係る
　　第三者評価業務報告書』.

————［2016］『平成27年度 盛岡市指定管理者制度導入施設における管理運営等に係る
　　第三者評価業務報告書』.

————［2017］『平成28年度 盛岡市指定管理者制度導入施設における管理運営等に係る
　　第三者評価業務報告書』.

————［2018］『平成29年度 盛岡市指定管理者制度導入施設における管理運営等に係る
　　第三者評価業務報告書』.

新田順子［2011］「今後の指定管理者制度の活用について——モニタリング・評価の視点
　　から——」『経営戦略研究』5.

松本茂章［2019］『岐路に立つ指定管理者制度——変容するパートナーシップ——』水曜
　　社.

南学［2008］『自治体アウトソーシングの事業者評価——指定管理者制度とモニタリン
　　グ・第三者評価——』学陽書房.

宮脇淳［2019］『指定管理者制度　問題解決ハンドブック』東洋経済新報社.

盛岡市［2004］「行財政構造改革の方針及び実施計画」.

柳原眞理子［2009］「第三者評価制度の可能性と課題——横浜市指定管理者第三者評価機
　　関——」『地域政策研究』46.

邑計画事務所・シニアパワーいわて共同体［2009］『平成20年度 盛岡市指定管理者制度導
　　入施設における管理運営等に係る第三者評価業務報告書』.

（渡邊 智裕・熊谷 智義・岩渕 公二）

Column 2　政策21記念誌

　私が関わったのは，盛岡市第三者評価，岩手県協働型評価，雫石町総合計画策定で，調査のインタビュー実施や会議のファシリテーターとして参加しました．

　ここでは，盛岡市第三者評価に政策21の担当者として関わる中での私の感想や学んだことを紹介します．

　盛岡市第三者評価は，対象となる指定管理者が施設利用を促進する取り組みや指定管理者が保有する特性を活かした事業に着目して評価しました．政策21は事業者が力を入れていることや，利用者満足度を上げている要因を目に見える状態にして，盛岡市に情報を提供しています．

　この評価手法のメリットは，指定管理者が持つノウハウを施設運営にどのように反映しているかを，盛岡市と事業者の双方の共通認識とすることができる点にあります．もちろん，施設管理での改善点を見つけることもありますが，盛岡市の担当課と事業者とで事前に改善点を分かちあうことで，双方がそれぞれの役割や動き方を考えて話し合うことができます．

　評価は課題や改善点を浮き彫りにするものという印象や認識がありましたが，私が盛岡市第三者評価業務に携わって学んだことは，盛岡市第三者評価では事業者が施設管理をすることで生まれるノウハウや好事例に着目することで，盛岡市や市民にとって価値のある取り組みとして「見える化」される仕組みとなっていることです．評価に対する認識が変わりました．

　盛岡市と事業者とが対等な関係になる橋渡しを，評価で実現しているという考え方を根本に置き，評価を業務として事業化した盛岡市，盛岡市とともに事業化を進めた政策21の温かさを感じました．

　盛岡市の第三者評価がこれから他の市町村でも同様に普及すれば，行政と民間の協働が促進されるはずです．市民にとってより良いサービスが提供されるよう，政策21として今後も取り組んでいきます．

（太田陽之）

第7章　北上市の協働事業に関する第三者評価

✦ は じ め に

　岩手県北上市では，2006年3月，「北上市まちづくり協働推進条例」を制定し，2010年度に住民参加型で『北上市総合計画』（計画期間：2011年度から2020年度）を策定するなど，「協働のまちづくり」に取り組み，各分野において，協働事業を実施してきた．

　このような状況の中で，政策21に対して，2018年度の後半に，協働事業に関する第三者評価の実施に向けた問い合せがあり，担当者と評価の進め方について協議することになった．その後，翌2019年度には，評価業務として受託し，評価に携わったことから，本章では，その概要について報告する．

　なお，ここで取り上げる評価業務は，北上市で進めている協働事業をさらに推進するための評価としての性格を有している．

　これらの点を踏まえ，第1節では，北上市における協働事業について，これまでの経緯や協働の考え方の概要を示し，第2節では，協働事業の評価プロセスと評価結果について，評価の手順，一次評価および二次評価の結果を示す．また，第3節では，この評価を通して浮かび上がってきた協働事業の成果と課題および第三者評価の効果と課題について示したい．

✦ 1．北上市における協働事業

（1）北上市まちづくり協働推進条例の制定
　北上市における協働によるまちづくりの推進に当たっては，「市民が一人ひ

とり主役になって，真の豊かさを実感できる地域社会を実現させる」ため，前述したように，2006年3月に「北上市まちづくり協働推進条例」が制定されている．

その後，2012年6月に「北上市自治基本条例」が制定され，同年12月に改正されている．この条例では，「まちづくりを協働で推進すること」が明示され，改正によって，「情報共有（第8条），協働事業の計画，評価及び改善（第10条），協働提案（第11条），市民活動の推進（第12条）」の各項目に，新たな具体策が示された．

さらに，2011年3月には「北上市まちづくり協働推進条例」を踏まえ，協働事業を実際に進めるための手引きとして，『協働手順書』が作成されている[1]．

（2）北上市総合計画による協働の推進

協働事業に関する『協働手順書』の作成と同時期に策定された『北上市総合計画』では，「協働の推進」が掲げられ，計画推進に当たっての方向性として明示されることとなった[2]．

北上市では，2011年から10年間を計画期間とする新たな総合計画を策定するにあたり，2008年から「きたかみ未来創造会議」を設置し，市民参加による計画策定を行っている．同会議は公募市民・NPO・市職員計60名で構成され，20回開催された．運営は，北上市内のNPO法人が中間支援業務を受託し，基本計画でめざすべき中間成果の検討では，ロジックモデルの素案も作成されている［佐藤 2021：81-85］．

以上のように，北上市においては，「北上市まちづくり協働推進条例」「北上市自治基本条例」そして『北上市総合計画』，これらを背景に，協働のまちづくりが進められてきたのである．

（3）協働事業の評価に関する検討

2004年度より，北上市では行政評価システムを導入して事務事業の検証を行い，くわえて2006年度に施策評価を開始し，施策の目的の明確化と施策間および各施策内の事務事業を俯瞰した検証による限られた財源の有効活用と行政運営の質の向上をめざしてきた．

　また，内部評価だけでは評価の甘さや市民意識との乖離が生じる可能性があるとして，専門家委員で構成する政策評価委員会を設置し，専門的見地で客観的な評価を行うとともに，市民意識調査結果による市民意識の傾向を評価に反映してきた．同委員会は，2011年度から，2018年度までの8年間開催され，政策21からの委員として，岩渕公二（2011年度より5年間）と熊谷智義（2016年度より3年間）が参加している．

　北上市政策評価委員会への政策21としての関与も背景に，2018年度の後半に，協働事業の担当課である地域づくり課から，協働事業の第三者評価の実施に向けた照会があり，評価の方法や実際の進め方について協議した．

　その中で，協働事業を担当している市の各課および協働相手に作成を依頼する「評価シート」の項目を検討するとともに，内容のとりまとめ，関係者を対象としたヒアリングの実施，総合評価と報告書の作成について，手順と概要，評価スケジュールを協議した．ここで検討した内容にもとづいて仕様書が作成され，翌2019年度の評価業務受託に至っている．

　検討に当たっては，他の自治体における先行事例として，府中市，佐世保市，東京都新宿区の実践を参考にした．また，佐世保市における提案公募型事業制度の評価の実態分析として，2009年度に採択された6事業（うち，4事業は市民提案，2事業は行政提案）を対象に行われた団体（市民）と市担当課間の評価の比較を参考にした［畑田 2011：81-102］．

（4）北上市における協働の考え方

　北上市では，前述したように，2011年3月，協働の推進に向けた『協働手順書』を作成している．その中で，最初に，協働の必要性として，「地方分権から地方主権へ，まちづくりの意識の変化，市民や企業の意識の変化」をあげ，まちづくり主体との協働は，「地域コミュニティ団体，市民活動団体，企業，行政」それぞれへの波及効果や相乗効果があるとしている．また，協働を進める際にお互いが守るべきルールとして，①対等性の確立，②自主性の尊重，③相互の理解，④情報の共有，⑤責任の分担，これらを意識すべき点として示している［北上市 2011a：2-4］．

　協働できる「領域」については，表7-1に示したように，「B：市民主導～

表7-1 協働できる「領域」

	←・・・・・・・・協 働（B〜D)・・・・・・・・→			
A：市民単独 市民が責任を持って独自に行う	B：市民主導 市民主導の下で行政が協力する	C：双方対等 市民と行政が連携・協力して行う	D：行政主導 行政主導の下で市民の協力で行う	E：行政単独 行政が責任を持って独自に行う
自治会行事などの独自事業	補助 事業協力	共催 事業協力 協働型委託	事業協力 協働型委託 協働型指定管理 アドプト	課税・許認可 生活保護など

出典：北上市［2011a：4].

表7-2 市が協働事業の事業手法として捉えているもの

手 法	内 容	事業例
共 催	その事業の実施にあたり企画又は運営の段階から参加し，協働主催者として責任を分担するもの	・芸能まつり実行委員会 ・北上地域自立支援協議会
事業協力	市又は市民活動団体等が主導する事業について，協定などにより役割分担等を取りきめ，双方が人的，物的，資金的協力を行うもの	・ちいさな親切おおきな安心プロジェクト ・図書館書架整理ボランティア
アドプト	公共施設について，市民活動団体，地域コミュニティ団体，企業等が美化活動や施設の現状報告を行い，市は保険加入や物品の支給など行う形態	・新堰水辺公園アドプト協定
協働型委託	市が行うべき事業のうち，市民活動団体，地域コミュニティ団体，企業等の専門性や先駆性が活かされる事業や将来的に市以外が担うことができる可能性のある事業で，市が直営で実施するよりも成果が期待できるときに，事業全部または一部を委ねるもの	・ごみ減量市民会議運営委託 ・市民活動情報センター事業実施委託 ・地域計画策定支援業務委託
協働型 指定管理	公共施設の管理運営について，単に効率的な施設管理だけでなく，施設活用のためのソフト面での事業実施を含めた（目的とした）指定管理	・16地区交流センター指定管理 ・総合運動公園指定管理

出典：北上市［2011a：5].

C：双方対等〜D：行政主導」の範囲とされ，「A：市民単独」と「E：行政単独」を除く領域である．

　市が捉えている協働事業の事業手法については，「共催，事業協力，アドプト，協働型委託，協働型指定管理」の5つがあげられている（表7-2).

　さらに，協働による事業実施がふさわしい分野として，「ア．きめ細かな対応が求められる事業，イ．地域社会との連携が必要な事業，ウ．高い専門性が

表7-3　協働による事業実施がふさわしい分野

分　野	概要および事業例
ア．きめ細かな対応が求められる事業	市民公益活動団体の柔軟性や機敏性を活かして重点的にサービスを行うことが必要な事業 例）預かり保育や学童保育を含む子育て支援事業，高齢者介護支援事業
イ．地域社会との連携が必要な事業	地域課題を解決するために取り組むことが必要な事業 例）地域づくり事業，グラウンドワーク，地域防犯および地域防災
ウ．高い専門性が求められる事業	市民公益活動団体の持つ特定の分野に関する専門性やネットワークを活かして取り組むことが有効な事業 例）芸術，文化およびスポーツの普及の事業，生涯学習の事業，健康相談
エ．計画立案に幅広く意見が必要な事業	施策について計画立案する場合等その分野における専門知識やノウハウを持つ団体等の意見を取り込むことが有効な事業 例）基本条例や都市計画マスタープランなどの基本計画策定
オ．多くの人々の参加が有効な事業	市民活動団体が持つ広いネットワークを十分に活かし，多くの参加を促す必要のある事業 例）ごみゼロ運動，まつりイベント参加，花いっぱい運動
カ．行政が着手したことのない先駆的な事業	新たな行政課題に対して知識やノウハウを持ち先行的に取り組んでいる事業

出典：北上市 [2011a：6].

求められる事業，エ．計画立案に幅広く意見が必要な事業，オ．多くの人々の参加が有効な事業，カ．行政が着手したことのない先駆的な事業」の6分野が示されている（表7-3）.

　職員が協働を実践する際の姿勢，留意点として，① 市民ニーズの把握，② 分かりやすい説明，③ パートナーとの対話，④ 柔軟で総合的な力，⑤ コーディネート能力の強化，⑥ できることからはじめて意欲を引き出すこと，が示されている［北上市 2011a：7］.

　さらに，協働事業を実施する際のステップとして，① 内部検討・企画段階，② 実施段階，③ 終了・評価段階，それぞれの手順について示されている［北上市 2011a：8-18］.

✛ 2．協働事業の評価プロセスと評価結果

（1）評価の対象
協働事業として評価する対象については，「評価シート」の作成や担当課，

表7-4　市民と行政の協働事業（例）

No.	担当部署	事業名
1	まちづくり部スポーツ推進課	スポーツツーリズム推進事業費補助金
2	まちづくり部スポーツ推進課	スポーツコミッション推進事業負担金
3	まちづくり部生涯学習文化課	財団法人北上市文化創造財団運営補助金
4	まちづくり部生涯学習文化課	自治公民館活動交付金
5	まちづくり部生涯学習文化課	北上市民芸術祭開催費補助金

出典：北上市［2019b：2］（105事業より5事業抜粋）．

協働相手両者を対象としたヒアリングの実施が可能な直近の年度の事業とすることになった．そのため，2017年度の協働推進事業として，まちづくり活動・協働推進に向けた相談・企画などを行う「市民活動情報センター事業」，公募型で地域や団体の活動に補助を行う「市民公募型協働事業補助金」，「地域貢献活動企業の褒賞制度」「協働フォーラム」「市職員の研修」「委員会・審議会の開催」などが抽出された［北上市 2018a：2-6］．また，市民と行政の協働事業も対象とされ，その結果，表7-4に抜粋して示した事業など105事業が選ばれた［北上市 2018b：2-4］．

（2）評価の手順

協働事業の第三者評価は，市と市民活動団体，事業所や地域の組織が協働で実施した事業を対象として，協働手法の質的向上を図ることを目的に，2019年5月から9月に実施した．評価業務の流れは，一次評価として，市と協働相手，両者に自己評価を行っていただき，その結果にもとづき事業を絞り込み，二次評価として，各事業に携わった市の各担当課と協働相手を対象にヒアリングを実施して，総合的に評価した[3)]．その詳細については，以下のとおりである．

最初に，一次評価として，105事業について市の事業担当課および協働相手を対象に，「評価シート」への記入を求めるアンケート調査を実施した．調査項目は，① 費用，② 働きかけ，③ 事業手法，④ 事業目的，⑤ 活動概要，⑥ 成果概要，⑦ 事業の性質，⑧ 役割分担，⑨ 協働の経過．⑩ 事業見直し，⑪ 特記事項とした．また，事業の実施経過に着目し，「事業準備」「事業実施過程」「事業実施後」について，総合評価を含む13項目を示し，仕様書で想定さ

れたとおりの実績をあげた場合はＡ評価，それ以上の実績だった場合はＳまたはＡＡ評価，それ以下の実績だった場合はＢまたはＣ評価とした．その際，仕様書がない場合は，事務事業計画書や当初の事業計画，事業打合せの結果，当初予算および補正予算要求時の計画を参考にしながら，評価していただいた．

　次に，一次評価の結果より判断し，二次評価の対象とする事業を抽出した．抽出された各事業に関係する事業担当課および協働相手に対して，「評価シート」への記入内容にもとづき，現状や課題，背景の実態を把握することを目的として，個別にヒアリング調査を実施した．これら一次評価および二次評価の結果をもとに，総合的な評価を行った．

（3）一次評価の結果

　市と市民活動団体や事業所等が協働で実施した事業を対象として，現状を把握するため，前述したように基礎データを収集するアンケート調査を行った．

　一次評価の協働相手調査数は延べ471で，対象事業数は105であった．1事業に複数の協働相手がある場合を含めた回答数は延べ326件，回収率は69.2％となった．

　市の評価結果の傾向は，全体的に仕様書や契約内容に沿って事業実施していると判断され，Ａ評価の割合が比較的高い．その中で，検証実施については「Ｂ」評価としている事業が全体の約4分の1を占めることから，検証実施について課題を感じていることを読み取ることができる（表7-5）．

　協働相手の評価結果を見ると，協働相手は市よりも全体的にプラス評価が多いことが特徴である．事業効果，目的実現，実施後総合，総合評価において，それぞれプラスの評価が10％を超えていることから，概ね結果は良好と判断できる．一方で，市に比較してマイナス評価も全体的に高い．市ほどではないが，検証実施（9.7％），事業効果（8.2％），実施後総合（8.6％）について，それぞれマイナスの評価が8％を超えている．また，「市との役割分担」に課題を抱えている事業（9.1％）も，「検証実施」に次いでマイナスの評価が多くなっている．さらに，記述された回答からは，高齢化や人口減少を背景とした担い手不足に伴って，今後事業を継続していけるのかという点で不安を抱いている事業者も多いことが浮き彫りとなった（表7-6）．

表7-5　市評価

No.	評価項目	S	AA	A	B	C	合計	A割合	プラス評価割合	マイナス評価割合
①	目的共有	1	4	322	1	0	328	98.2%	1.5%	0.3%
②	事業計画	0	3	320	2	0	325	98.5%	0.9%	0.6%
③	協働必要性	0	5	320	2	0	327	97.9%	1.5%	0.6%
④	役割分担	1	3	321	1	1	327	98.2%	1.2%	0.6%
⑤	準備総合	0	4	273	1	0	278	98.2%	1.4%	0.4%
⑥	進行管理	0	20	306	1	0	327	93.6%	6.1%	0.3%
⑦	達成度	0	6	322	0	0	328	98.2%	1.8%	0.0%
⑧	過程総合	0	4	274	0	0	278	98.6%	1.4%	0.0%
⑨	検証実施	0	5	244	75	2	326	74.8%	1.5%	23.6%
⑩	事業効果	2	3	320	3	0	328	97.6%	1.5%	0.9%
⑪	目的実現	0	6	320	2	0	328	97.6%	1.8%	0.6%
⑫	実施後総合	0	5	270	3	0	278	97.1%	1.8%	1.1%
⑬	総合評価	0	12	264	1	0	277	95.3%	4.3%	0.4%

出典：北上市［2019b：18］.

表7-6　協働相手評価

No.	評価項目	S	AA	A	B	C	合計	A割合	プラス評価割合	マイナス評価割合
①	目的共有	3	24	283	5	2	317	89.3%	8.5%	2.2%
②	事業計画	1	29	272	11	4	317	85.8%	9.5%	4.7%
③	協働必要性	4	29	265	15	4	317	83.6%	10.4%	6.0%
④	役割分担	4	24	260	24	5	317	82.0%	8.8%	9.1%
⑤	準備総合	0	18	208	9	2	237	87.8%	7.6%	4.6%
⑥	進行管理	4	24	266	18	4	316	84.2%	8.9%	7.0%
⑦	達成度	1	29	267	16	3	316	84.5%	9.5%	6.0%
⑧	過程総合	0	14	209	11	1	235	88.9%	6.0%	5.1%
⑨	検証実施	3	21	263	24	7	318	82.7%	7.5%	9.7%
⑩	事業効果	5	29	258	22	4	318	81.1%	10.7%	8.2%
⑪	目的実現	6	37	251	19	4	317	79.2%	13.6%	7.3%
⑫	実施後総合	2	28	183	19	1	233	78.5%	12.9%	8.6%
⑬	総合評価	2	32	178	13	1	226	78.8%	15.0%	6.2%

出典：北上市［2019b：18］.

表7-7　市と協働相手の総合評価

区　分		S	AA	A	B	C	計
市 総合評価	件数	0	12	179	1	0	192
	割合	0.0	6.3	93.2	0.5	0.0	100.0
協働相手 総合評価	件数	2	30	151	8	1	192
	割合	1.0	15.6	78.6	4.2	0.5	100.0

出典：北上市 [2019b：19].

　市と協働相手の総合評価について，両者からの総合評価の記載があった192件についての傾向をみると，市の評価は，「AA」評価12事業 (6.3%)，「A」評価179事業 (93.2%)，「B」評価1事業 (0.5%) であるのに対して，協働相手の評価は，「S」評価2事業 (1.0%)，「AA」評価30事業 (15.6%)，「A」評価151事業 (78.6%)，「B」評価が事業 (4.2%)，「C」評価1事業 (0.5%) となっている．これらを比較すると，協働相手の「AA」評価以上が市と比べてやや多いものの，市の評価と協働相手の評価には，ほとんど乖離がない状況である（表7-7）．

（4）二次評価の結果

　一次評価の結果にもとづき，①評価が高い「S」評価または「AA」評価の事業（優良事例〜横展開の可能性），②評価の低い「B」評価または「C」評価の事業（改善事項の抽出），③担当課の段階で課題の認識があり，見直しが必要とされている事業，④担当課および協働相手で異なった評価となっている事業に注目して，二次評価の対象を選定した．具体的には，「自治公民館活動交付金」「バス借上補助金」「地域教育力向上活動費補助金」「交流センター生涯学習事業」「絵本ふれあいボランティア」「花いっぱい運動推進協議会補助」「公園管理活動交付金（4件）」「保健推進員協議会運営費補助金」「高齢者見守り安心ネットワーク事業」「在宅医療・介護連携推進事業」「手話奉仕員養成事業」「北上市ふれあいスポーツ大会」の全15事業を抽出した．また，評価担当課の選定による「公募型定住化事業費補助金」「市民公募型協働事業補助金」「北上市情報センター委託事業」「市民提案型協働事業」の4事業を加え，二次評価の対象として，全19事業を抽出した．

表7-8　二次評価の対象となった19事業の傾向

分　類	傾　向	事業数
一次評価の結果が，担当課および協働相手共に，「S」「AA」「A」評価で，「B」「C」評価のなかった事業	・良好なコミュニケーション ・情報の共有 ・明確な役割分担 ・事務局機能の発揮など	11
一次評価の結果に，「B」「C」評価が含まれていた事業	・担当課と協働相手とのコミュニケーション不足	8

出典：北上市［2019b：82］.

　それぞれの事業について，各担当課ヒアリングを実施して事業概要を把握するとともに，協働の実態について，一次評価の際に回収した協働相手の評価結果およびコメント内容を確認した．また，担当課としての現状認識および問題意識を持って協働事業を推進しているかという点に関して把握を試みた．次に，担当課から状況を把握した結果をふまえ，協働相手を対象に，一次評価の内容に関して，背景や個別の事情，評価シートに記載されていない内容についての聞き取りを行った．

　一次評価の結果が，担当課と協働相手の両者において，「S」「AA」「A」評価（一部，未記入項目含む）とされ，「B」「C」評価のなかった事業は，二次評価を行った19事業のうち11事業である．これらに共通にみられた傾向として，①事前準備の段階より，担当課と協働相手のコミュニケーションが良好であること，②現状や課題についての情報が共有され，事業の目的や内容が理解されていること，③協働事業の目的にもとづく，役割分担が明確であること，④事務局が役割を分担し，事業推進に当たって機能をはたしていることがあげられる．

　一次評価の結果に，「B」「C」評価が含まれていた事業は，二次調査を行った19事業のうち8事業である．これらの共通点としては，担当課と協働相手との間でコミュニケーションが不足している事があげられる．その結果，情報共有が不十分な状況となり，目的の共有，協働の必要性，役割分担，さらに，事業実施や実施後の検証に課題が生じている傾向がみられる（表7-8）．

　二次評価を通して，概ね各地域や団体に共通の事情としては，高齢化と人口減少の進行に伴って，自治組織や団体の役員，活動の担い手が活動を継続する

ことが困難となっている実態がある．また，事業によっては，活動にかかる経費が増える傾向もみられ，資金調達の課題も浮かび上がってきている．

＋ 3．協働事業の成果と課題，第三者評価の効果と課題

（1）協働事業の実態および成果について

　事業分類別の傾向として，協働できる「領域」に注目すると，「B：市民主導」に分類される事業は，「4-2 自治公民館活動交付金」「7-2 バス借上補助金」「20-6 交流センター生涯学習事業」「29 公募型定住化事業費補助金」が該当し，それ以外の事業は，「C：双方対等」である．また「D：行政主導」に分類される事業はない（表7-9）．

　また，事業手法による分類では，「共催」が，「30-1 市民公募型協働事業補助金」「57-1 市民提案型協働事業」「104-1 北上市ふれあいスポーツ大会」，

表 7 - 9　二次評価を行った事業の協働「領域」別分類

←・・・・・・・・・・・・・・・・・・ 協　働（B～D）・・・・・・・・・・・・・・・・・・・ →		
B：市民主導 市民主導の下で行政が協力する	C：双方対等 市民と行政が連携・協力して行う	D：行政主導 行政主導の下で市民の協力で行う
補助 事業協力	共催 事業協力 協働型委託	事業協力 協働型委託 協働型指定管理 アドプト
4-2 自治公民館活動交付金 7-2 バス借上補助金 20-6 交流センター生涯学習事業 29 公募型定住化事業費補助金	12-2 地域教育力向上活動費補助金 30-1 市民公募型協働事業補助金 39 北上市情報センター委託事業 52-1 絵本ふれあいボランティア 57-1 市民提案型協働事業 71-4 花いっぱい運動推進協議会補助 76-1-24 公園管理活動交付金 92-1 保健推進員協議会運営費補助金 94-7 高齢者見守り安心ネットワーク事業 98-1 在宅医療・介護連携推進事業 102-1 手話奉仕員養成事業 104-1 北上市ふれあいスポーツ大会	

出典：北上市 [2019b：83].

「協働型委託」が「39 北上市情報センター委託事業」「102-1 手話奉仕員養成事業」,「協働型指定管理」が「20-6 交流センター生涯学習事業」,残りの事業が「事業協力」である.

協働による成果が大きい例に関しては,以下の傾向がみられる.

調査結果より,協働による事業成果については,① 市民の強みを活かした質の高いサービスの提供,② 費用対効果,当初の想定を超えた効果や展開,③ 市だけではできない成果,事業の発展や波及,④ 事業に関わる市民,職員のエンパワーメント,⑤ 人材の掘り起こしや育成による事業の継続といった状態で判断することができると思われる.その場合,どのような背景があるかに関して,調査結果にもとづきケース別に整理すると,以下のとおりである.

協働側の専門性が発揮されているケースに分類される事業では,その背景となっている条件を整理すると,第1に,事業内容に関連した知識や技術,経験の蓄積があげられ,協働側の有する専門性が高いことが市との対等性につながっている.第2に,事務局の役割分担が重要で,事業を支える事務局が場づくりや支援の役割をしっかり担うことで,関係性が良好となっている.第3に,市と協働相手の十分な情報共有があげられ,それによって相互理解が深まっている.第4に,事業に関係する周辺の方々から協力を得る関係づくりによって,事業の拡がりや発展性がみられる.

また,幅広い人を活動に巻き込んでいるケースに分類される事業では,その背景に,第1に,地域において,多くの幅広い参加に向けた時間や場所,実施内容の工夫がみられる.第2に,事業を通したノウハウの蓄積,人材の掘り起こしや育成,活動の拡がり,さらには地域力の向上がみられる.第3に,地域の方々が多数関わることで交流機会が創出され,コミュニティ推進に寄与していることが特徴的である.

これら,「協働側の専門性が発揮されているケース」と「幅広い人を活動に巻き込んでいるケース」,2つのケースに共通している点として,① 活動を通しての満足感や達成感,充実感,② 交流・ふれあいによる,さまざまな関係性の拡がりや深まり,③ 活動を通してのノウハウの蓄積や人材育成,④ 毎年の積み重ねと中長期の視点での事業への取り組みの4つがあげられる.

さらに,協働側が専門性を発揮しているケースからは,現状の共有と目的・

目標の設定，具体的な事業内容検討の話し合い，役割分担，事業計画レベルで何を行うかの明確化，事務局のはたす役割の重要性が，留意点として浮かび上がってきた．

　一方，担当課と協働相手の情報共有も大事である．それぞれの事業における課題に対して，容易に改善できない背景としては，財政面，人的資源，ノウハウ蓄積の有無といった，さまざまな要素があると思われる．このため，今後に向けては，担当課と協働相手の現状認識や情報の共有は不可欠であり，その上で課題の本質が何か，改善や解決に向けて，よく話し合う必要がある．

（2）評価を通して浮かび上がってきた協働事業推進の課題

　ここで改めて，今後，北上市が協働事業をさらに推進する際に，留意すべきと思われる点をいくつか整理したい．論点は以下の4点である．

　第1に，市と協働相手のコミュニケーションを重視することである．今後に向けては，各協働事業のあり方について，領域や事業手法の確認や再検討が必要である．それぞれの事業内容および領域と事業手法，また，社会環境の変化を背景に，要求される内容やサービス水準，期待される効果が異なってくる．そこで，各年度の事業をはじめる最初のタイミングで，担当課と協働相手が，情報を共有し共通認識を持って，どのような目標を設定して取り組むか，その点をクリアにするために充分話し合う必要がある．

　第2に，事業推進に必要な関係者の交流や連携を促す場をつくることをあげたい．幅広い人を巻き込んでいるケースからは，地域住民の幅広い参加に向けた工夫，地域力の向上，交流の視点など，多くの人を巻き込んでいくため，市と協働側が交流や連携に向けた話し合いを行うとともに，必要に応じた市からの情報の提供，地域や団体の実情に応じた支援のあり方の検討，個別ニーズへの丁寧な対応，これらが留意すべき点として示唆されている．

　第3に，協働側の専門性を確保することが重要である．専門性が発揮され，大きな成果がみられる事業に関しては，協働側の専門性の維持や確保を市が促すことや新たに協働相手を選定する際には，十分な専門性の有無を判断材料とすることが考えられるだろう．

　第4に，今回の第三者評価では，一次評価のための「評価シート」の項目検

討作業から着手することになり，各担当課と協働相手に記入していただいた内
容を Excel データとして使えるように整え，データのソートを繰り返して二次
評価の対象を抽出した．また，二次評価では担当課および協働相手，両者を個
別に訪問してヒアリング調査を行った．これら一次評価と二次評価で得られた
データから総合的な評価を行ったことによって，評価全体を通して，担当課，
協働相手，評価者，それぞれにおいて非常に手間がかかり，多くの労力を要す
ることとなった．このため，今後の評価に向けては省力化をめざし，簡易な
チェックシートによる事業実施段階での点検や結果の集約方法の工夫，継続的
な実施に向けた改善が課題である．

（3）第三者評価の効果と課題

　協働事業の第三者評価を行ったことによる効果としては，以下の2点が重要
である．第1に，客観的評価の実施があげられる．一次評価の「評価シート」
では，手順書に沿って「事前準備：目的の共有，事業計画，協働の必要性，役
割分担の明確化」「事業実施過程：事業の進行管理，役割の達成度」「事業実施
後：事業の検証実施，協働による事業効果，目的の実現」各段階にチェックす
べき事項（各段階および全体の総合評価を含む13項目）が示されことによって，担当
課と協働相手のやりとりを振り返るきっかけとなり，不十分な点に気づく契機
となった．また，各協働事業の実態について，同事業を担当する地域づくり課
が，全体を客観的に把握する機会となった．この点で，第三者評価の実施は有
効であった．

　第2の効果として，評価に当たっての2段階評価による深掘りがあげられる．
市の担当課および協働相手，両者を対象としたアンケートによる一次評価に加
え，事業全体を俯瞰する視点から，二次評価では，ヒアリング調査を行って協
働事業の評価を実施したことで，評価シートから読み取ることのできない背景
や詳細な内容などの実態把握，協働事業の成果と課題が改めて確認されること
となった．また，ヒアリング調査の実施を通して，担当課と協働相手，両者の
コミュニケーションで不足している部分を補う役割をはたした点も効果として
あげておきたい．

　なお，可能性と課題も含めて，継続的実施の必要性を指摘したい．今回の一

次評価では，すべてが「A」評価となった事業について問題なしと判断したものの，それらの評価結果は，回答者の判断に委ねられている自己評価である．そこで，これらの事業からの抽出による担当課と協働相手，両者を対象とした聞き取り調査による第三者評価を継続的に行い，実態を把握することが有効と考えられる．それによって，市と協働相手，両者が気づかない協働事業を推進する意義や協働をより深化させていく提言に向けた評価が可能となると考えられる．さらに，継続的な実施によって，協働相手のエンパワーメントを創発するような，市担当課のリーダーシップのあり方に関する提起についても可能と思われる．

（4）交流・支援・協働の実践として

　第 2 章で述べたように，政策21の活動のキーワードは「交流」「支援」「協働」である．これまで，評価制度導入に向けた自治体職員向けの研修会の開催や外部評価の実施，支援を通して，自治体職員との交流，自治体の支援を重ね，政策21の存在と活動の専門性が認知されてきた．そのような活動の中で，北上市においては，2011年度から 8 年間設置された政策評価委員会にも参加してきた．今回の，北上市の協働事業に関する第三者評価は，「協働のための業績測定」であり[4]，地域に根ざした活動を地道に20年間継続してきた成果，協働型評価の 1 つの方向性を示す実践事例と位置づけられる．

　注
　1 ）　北上市による「きたかみの協働によるまちづくり」については，北上市のホームページを参照（北上市地域づくり課地域協働係 https://www.city.kitakami.iwate.jp/life/shisei/sogoseisaku/1/kyoudou/11218.html, 2021年 7 月23日閲覧）．
　2 ）　北上市の協働事業に関する第三者評価を実施した時点での『北上市総合計画』は，計画期間が2020年度までであり，その後，新たな計画として『北上市総合計画2021-2030』が2020年 9 月に策定されている．詳しくは，北上市のホームページを参照（北上市政策企画課政策推進係 https://www.city.kitakami.iwate.jp/life/soshikikarasagasu/seisakukikakuka/seisakusuishingakari/1/1/19030.html, 2021年 7 月23日閲覧）．
　3 ）　協働事業の検証の結果に関しては，2020年 1 月31日，北上市生涯学習センター第 1 学習室にて「市民参画と協働の検証」の報告会として，市民向けに報告されている．報告書については，北上市［2019b］を参照．

4）　本章で論じた北上市の協働事業に関する第三者評価は，「協働のための業績測定」として協働型評価の１つに位置づけられるものである．この件について，詳細は第8章を参照されたい．

参考文献

北上市［2011a］『協働手順書〜 Ver2.0〜』．

―――――［2011b］『北上市総合計画』．

―――――［2013］『北上市まちづくり協働推進条例改正 解説書』．

―――――［2018a］『平成30年度 市民と行政の協働推進事業の取り組み』．

―――――［2018b］『地域づくり政策の検証と再構築 報告書』．

―――――［2019a］『令和元年度 市民と行政の協働推進事業の取り組み』．

―――――［2019b］『市民参画と協働の検証業務委託 報告書』．

―――――［2020］『北上市総合計画 2021-2030』．

佐世保市［2005］『市民協働推進指針』．

―――――［2016］『佐世保市市民協働推進計画（第三次計画)』．

―――――［2017］『平成28年度市民協働事業評価報告書』．

佐藤徹編［2021］『エビデンスに基づく自治体政策入門』公職研．

新宿区［2004a］『新宿区・地域との協働推進計画』．

―――――［2004b］『協働推進マニュアル』．

畑田和佳奈［2011］「佐世保市における提案公募事業制度の評価の実態分析」『長崎県立大学経済学部論集』45(2)．

府中市［2015］『府中市市民協働推進行動計画』．

―――――［2018］『府中市市民協働推進行動計画（中間見直し)』．

（熊谷 智義・鎌田 徳幸）

Column 3　NPO 法人の監事のお仕事

　NPO 法人は，特定非営利活動促進法（以下「法」という）により法人格を持つことが認められていますが，NPO 法人に対する監督は，情報開示を通じて市民の選択，監視，あるいはそれにもとづく法人の自浄作用による改善発展を前提とした制度になっています．

　そのため，毎事業年度の事業報告書等を作成し，すべての事務所で社員および利害関係者が閲覧できるようにする義務（法第28条）があるほか，所轄庁に毎事業年度の事業報告書等を提出する義務（法第29条）があり，所轄庁は過去 5 年間の事業報告書のうち個人情報を除いたものを閲覧できるようにすること（法第30条）になっています．

　そこで，NPO 法人の監事は，庶務担当者および会計担当者が作成した事業報告書（前年度の総会や理事会の開催実績や事業概要）や計算書類（活動計算書，貸借対照表），財産目録を，通帳や伝票と照らし合わせるなどして確認するほか，総会において監査報告を行うことが主な仕事になります．

　私は，地方公務員です．今から約15年前，NPO 法人政策21の活動に参加しませんかというお誘いをいただき，少しだけでもお手伝いできればと思い OK の返事をとりあえずしました．正直，その頃の私は NPO 法人とはなにものなのかよく知りませんでした．

　もしかすると，報酬がもらえるかもしれないな．でも，公務員だから，兼業禁止に触れてしまうのではないかという心配が頭をよぎりました．「せばだばまいねびょん」（そういうことであればだめだと思うよという津軽弁）と思い，参加するかどうかすこし迷った記憶があります．

　今でこそ，地方公務員の兼業については，総務省から「『職員の兼業の許可について』（地方公務員法第38条）に定める許可基準に関する事項について」の通知により，兼業許可を要する事例や兼業許可を要しない行為であることが明確な事例などが示されるなど，兼業による社会貢献活動への積極的な参画を促されていますが，当時は，NPO 法人に所属することすら法に触れると言う人もいました．

　参加するのであれば無報酬でと思いましたが，無報酬でワークショップの補助員を何回もするのもそれはそれで大変だな〜などと勝手に考えを巡らせていました．依頼

されたのは監事でした．監事であれば，法第2条第2項第1号ロにおいて，役員のうち報酬を受けるものの数は役員総数の3分の1以下であることが求められているため無報酬で済むなとほっとしました．

　さらに，監事については，法第19条により職員との兼務は認められていないため，いろいろな気がかりが解消したのでした．

○ NPO法人の監事はこんな方におすすめ！

　・事業に携わるほど時間を取れないけど何かお手伝いしたい
　・報酬が無い方がなにかと気楽だ
　・その NPO法人が行っている事業内容を理解した気になってみたい
　・書類の間違いにどちらかというと気づきやすい方だ
　・不正経理が疑われる時は気兼ねなく意見できる人間関係がある

（荒木関　方人）

第8章 「協働型評価」とは何か，何であるべきか

　本書の表題には「協働型評価」という言葉が掲げられている．そもそもこの言葉はどのような意味内容をもつものなのだろうか．本章ではあらためてこの点を議論する．

　「協働型評価」を英語で表現すると，'collaborative evaluation' である．ただし，'collaborative evaluation' は評価学の専門用語であり，これが日本の文脈でいうところの「協働型評価」のイメージが一致するのかといわれると，かなり疑問である．本書では，「協働型評価」を広い意味内容をもつものとして取り扱っているが，ここで気になるのは，'collaborative evaluation' のもつ専門用語との間の語感のズレである．

　本章では「協働型評価」についてあらためて検討を行い，日本での「協働型評価」のこれまでの展開を踏まえ，その意義に迫る．

1. 協働型評価とは何か

(1) ロッシらの学説

　専門用語としての「協働型評価」(collaborative evaluation) とは，いったいどのような意味内容をもつものなのだろうか．

　ロッシらは，評価専門家たる評価者が行うプログラム評価への利害関係者の関与の程度に注目し，「独立的な評価」(independent evaluation)，「参加・協働型評価」(participatory or collaborative evaluation)，「エンパワーメント評価」(empowerment evaluation) の3つの利害関係者が関与する評価のタイプを整理している [Rossi, Freeman and Lipsey 2004：51-52]．表8-1はこのロッシらの整理をまとめたものである．

表8-1　ロッシらの利害関係者と評価の枠組み

	評価者の役割	利害関係者の役割	想定される利用者
独立的な評価	評価者の自律的は高い（研究的な評価など）	利害関係者は，評価計画の詳細や評価の実施に関与しない	研究者，評価者など
参加・協働型評価	評価の知見を提供（実用重視型評価など）	利害関係者は，評価の計画，実施，分析について直接関与する	意思決定者，政策実施者，評価スポンサーなど
エンパワーメント評価	評価の知見を提供（評価の全局面を支援）	利害関係者は，評価の主導権，権利擁護，自己決定を主張する（参加者の自己開発や政治的影響力を重視）	サービスの受益者，プログラムの恩恵を受ける者あるいは受けない者など

出典：Rossi, Freeman and Lipsey [2004] をもとに筆者作成.

　表8-1では「参加型評価」と「協働型評価」は一括して整理され，「参加・協働型評価」とされている．ここでいう「参加・協働型評価」の特徴は，プログラムの意思決定者や評価スポンサーといった利害関係者の関与がある点に求められる．とくにこの概念では，評価専門家たる評価者による「独立的な評価」が常に適切であるという前提に対して疑問を差し挟む点が重視されている [Rossi, Freeman and Lipsey 2004 : 52]．ロッシらは，「参加・協働型評価」の意義を，プログラムの利害関係者に拡張しようとする点に見いだそうとしている．

　なお，源由理子は上記のロッシらの所説を参照しつつ，「協働型評価」を広義の「参加型評価」に含むものとして紹介している ［源編 2016 : 15]．その上で源は，「協働型評価」を含む「参加型評価」の定義を，「評価の主体として，評価の知識・技術を持つ専門家集団のみならず，評価対象のプログラムに関わりのある人を巻き込み，共に評価を行う形式」と定義している ［源編 2016 : 22]．源は「参加型評価」をロッシらよりも広い意味をもつものとして捉え，「協働型評価」と「参加型評価」を同列ではなく，「協働型評価」を包摂するより上位の概念として捉えている[1]．

　その上で源は，「参加型評価はプログラム評価の1つとして登場したものであり，プログラム評価の理論を把握することが参加型評価を理解する上で役立つと考えられる」［源編 2016 : 5] と説明している．源の「協働型評価」の定義は，ロッシらと同様に，あるいはロッシらの枠組みを基礎として，プログラム評価を前提としつつ，利害関係者の関与の度合いを大きくしていくことを志向

表8-2　協働型評価の枠組み：他の参加志向評価のアプローチとの比較

評価の局面	協働型評価	参加型評価	エンパワーメント評価	実用重視型評価
1．第一義的な評価の焦点	<u>全体的な参加の促進</u>	多少の利害関係者の関与	利害関係者は結果に到達するための評価ツールを活用	評価の気づきの活用を推進
2．評価の意思決定	<u>交渉による</u>	評価者および参加者	参加者	<u>交渉による</u>
3．利害関係者の役割	<u>顧客，パートナー，補助者，情報源</u>	顧客，情報源	<u>担当またはパートナー</u>	協働（主要な利害関係者）
4．評価者の役割	<u>評価のチームリーダーまたは協働実施者</u>	参与観察者〜チームリーダー	案内／ファシリテーター／クリティカルフレンド	活動─反応─反復─適応
5．評価の事前の明確化	<u>プログラム，目的，資源の精査</u>	─	評価の実施の際に対応	前広に
6．評価デザインの志向	<u>可能な限りの厳密さ</u>	評価者の役割の多様性	参加者中心	必要に応じて厳密に
7．使用されるデータのタイプ	<u>量的または質的</u>	<u>量的または質的</u>	<u>量的または質的</u>	<u>量的または質的</u>
8．データ報告の種類	<u>同意した方法による</u>	─	プロセス，結果，アウトカム	進行中の利用可能なデータ
9．評価の能力形成	○		○	○
10．文化的な反応	○		○	○
11．社会システム全体への影響や社会的なネットワークへの配慮	○	×	○	○
12．評価実施の際の積極的利害関係者の関与	○	×	○	×
データ収集者	○	×	○	×
データ分析者	○	×	○	×
データ解読者	○	○	○	○
データ報告者	○	×	○	×

出典：O'Sullivan［2012：521］を筆者訳出．

するものとしている．この点を踏まえていえば，ロッシらと源の定義の間には本質的な差異はない．

（2）オサリバンの学説

　これに対してやや異なる整理をしているのがオサリバン（Rita G. O'Sullivan）である．オサリバンは「協働型評価」を，「プログラム評価の計画段階と実施段階において，利害関係者を体系的に関与させるもの」と定義している

[O'Sullivan 2012：518-22]．オサリバンのイメージする「協働型評価」は，「参加型評価」「エンパワーメント評価」「実用重視型評価」と区別されるものである．オサリバンは「協働型評価」を，「参加型評価」「エンパワーメント評価」「実用重視型評価」に比べ，利害関係者が参加する局面を拡大するものとして捉えている．これを表現したのが表8−2である．

　オサリバンとロッシらの大きな違いは，「協働型評価」と「参加型評価」を異なるものとして整理している点にある．オサリバンは「協働型評価」と，「参加型評価」「エンパワーメント評価」「実用重視型評価」の違いについて，プログラム評価の目的の設定に関わる「評価の意思決定」，プログラム評価の手順について事前に共通認識を得るための「評価の事前の明確化」，レポーティングの際の焦点をどこに設定するかに関係する「データ報告の種類」に見いだしている．すなわち，「協働型評価」は，「評価の意思決定」については利害関係者の間の交渉を重視し，「評価の事前の明確化」については丁寧な情報共有を重んじ，「データ報告の種類」については事前に同意した方法でのレポーティングを行うという点において，「参加型評価」「エンパワーメント評価」「実用重視型評価」との間に違いがあるとしている．

十 ２．日本の文脈との乖離

（１）「プログラム評価」と「業績測定」

　ここまで，先行研究における専門用語としての「協働型評価」の定義を俯瞰してきた．まず重要なのは，これらが「プログラム評価」を前提としているという点である．この点は日本語の語感とのズレを生み出している第１のポイントである．

　日本の自治体では，実態として「プログラム評価」はほとんど行われていない．多くの自治体で行われているのは「プログラム評価」よりも専門性が高くなく，より手間暇のかからない「業績測定」である．自治体評価にしろ，指定管理者の評価にしろ，地方独立行政法人の評価にしろ，自治体やその周辺で行われている評価のほとんどは「業績測定」のアプローチを基礎とするものである．

「業績測定」とは，すでに定められている目標や指標を「業績」と見なし，この「業績」の達成度を「測定」しようとするものである．それは民間企業でよく行われている「目標管理型評価」のイメージに近い．しばしば自治体の「業績測定」では，民間企業でいわれるところの「顧客満足度」を「住民満足度」に置き換え，サービスの有効性を測定しようとする．もちろん「業績測定」の「業績」は「住民満足度」だけではない．「業績測定」では節約水準などの効率性論議もあつかわれる．

「業績測定」の評価手法としての難易度は高くない．そして，このことによって広く公的部門に広く浸透している．「業績測定」はいわば毎年の定期的な「健康診断」のようなものである．これに対して，「プログラム評価」は「人間ドック」にたとえられる．すなわち，「プログラム評価」は深掘り型の評価であるということである．また，「プログラム評価」は，行政活動をある種の「プログラム」と見立て，その機能に注目するという点に特徴を有する．「業績測定」では必ずしもそうではない．

「プログラム評価」が役に立つのはとくに失敗政策においてである．たとえば「コンパクト五輪」や「復興五輪」を掲げていた「東京オリンピック」の開催というプログラムを念頭に置くとき，果たしてそれは当初の想定どおりにうまくいったといえただろうか．かりにもしうまくいかなかったとしたら，いったいどこに問題があり，何がボトルネックになっていたということができるのだろうか．そして今後のオリンピックや今後の日本で開催される国際的なスポーツイベントへの教訓を何か引き出すことができるのだろうか．これらの疑問に対して，原理的に「業績測定」では答えることはできない．

かりに「プログラム評価」を前提とした上で「協働」を行うものを「協働型評価」と呼ぶのであれば，日本においていわれるそれとはずいぶん違うものをイメージしなければならないだろう．

（2）「協働のための評価」と「評価のための協働」

第2に，「協働型評価」についての日本語の語感とのズレを生み出しているもう1つの要因についてである．そのポイントは日本の文脈における「協働」の理解の仕方にある．論点としてはこちらの方がより重要である．

「協働」は英語で表現すると 'collaboration' である．「協働」は「目的を同じくするなかで異なる主体がそれぞれの役割を果たす」という意味で用いられている．ここまでは日本語の語感との間に差はない．ただし，専門用語で「協働型評価」でいうときの「協働」＝「目的を同じくする」は，「評価目的が同じである」という意味で限定的に用いられている．この点は十分に意識されていない．

日本で「協働型評価」といわれる際には，しばしば「協働政策」が強く念頭に置かれている．たとえば，日本では「協働事業の評価」や「中間支援 NPO による市民団体育成のための評価」は「協働型評価」と呼ばれている．また，指定管理者という協働の担い手に対する評価も「協働型評価」と呼ばれる．これらはいずれも，「協働政策の担い手を育成する」あるいは「協働事業を推進する」という理解が前提にある．すなわち，日本語でいわれる「協働型評価」というときの「協働」概念については，必ずしも「評価目的」に限定されているわけではないということである．日本語の「協働型評価」は，「評価目的のために協働する」だけではないのである．

なぜこうしたズレが生じてしまうのだろうか．それは日本において「協働」がファッショナブルで強いインパクトをもつ言葉であるからではないか，と思われる．2000年代前半の公的部門にとって「協働」は「評価」と同様にきわめて新しい言葉であった．日本における「協働」の概念の背景としては，以下の2つのことを指摘しておきたい．

第1に，1998年3月25日に制定された NPO 法（特定非営利活動法人法）の登場である．NPO 法の制定の背景には，1995年1月17日に発生した阪神・淡路大震災の際の137万7,000人ものボランティアの活躍があった．1995年は「ボランティア元年」とも呼ばれた．さらに1997年に起きたロシア船籍のタンカー・ナホトカ号の重油流出事故の際にも全国各地から28万人ものボランティアが集まり，ボランティアによる人海戦術が大きな貢献をはたした．その延長線上に NPO 法が登場した．NPO 法により，市民活動は法人格を取得して行うことが可能となった．その後，公的部門が行う事業について「市民協働」が掲げられ，NPO 法人が補助金事業に参入するようになった．公的部門側からは，公務上の目的を達成するために市民が「協働」してくれるという見立てが広く共有さ

れた．さらには公務上の目的のために「協働」してくれる市民活動やNPO法人を育成・指導するための「協働政策」が2000年代には広がりをみせた．「協働」はそうした時代状況を表す時代のキーワードとなったのである．

　第2に，2000年以降の地方分権改革後の経験である．2000年分権改革では，国と地方が「上下・主従」ではなく「対等・協力」の関係であるとされ，自治体の自己決定・自己責任が強調された．その後，東京都三鷹市の取り組みを起点とし，「協働のまちづくり」という言葉が自治体の間で盛んに使われるようになった．その趣旨は，国と地方の関係を「対等・協力」としたのであれば，自治体と住民の関係も「対等・協力」でなければならないのではないかというものである．市民と自治体の対等な関係の下でのまちづくりの推進というのは2000年分権改革が切り拓いた新しいパラダイムであった．その延長線上に全国的に注目された自治基本条例，自治体基本条例，まちづくり基本条例，議会基本条例などのムーブメントも位置づけることができる．そうしたなかで「分権型社会」とともに，「協働型社会」という社会像も語られるようになっていった．

　ここで注目しておきたいのは「協働」という言葉に規範性が強く込められているという点である．規範概念としての「協働」では，「市民」「市民社会」や「民主主義」などといった他の規範概念がそうであるように，より運動論的なものとなりがちである．

　これに対し，オサリバンの所説では「協働」は「評価目的」に限定されており，その上で，評価のタイプを識別し，説明するための外形的・形式的な尺度として「協働」が用いられていた．表8-2の各項目はそのためのメルクマールであった．

　ここでは，「協働」について運動論を伴う規範概念として用いるのか，それとも限定付きの説明概念として用いるのかという違いに注目しておきたい．これらの違いは，一方が「協働のための評価」，他方が「評価のための協働」というと分かりやすい．

＋ 3．日本の「協働型評価」

（1）4つのタイプ

ここまで，専門用語としての'collaborative evaluation'と，日本の文脈でいうところの「協働型評価」のイメージが一致しないことを説明してきた．しかしこのことは，日本の文脈でいうところの「協働型評価」に対して消極的な見解を示したり，専門用語でいうところの'collaborative evaluation'を上位に置き，日本の取り組みをこれに近づけて行くべきであるというようなことを主張しようとしたりしているのではない．むしろ，これらは異なる概念として捉えていくべきものである．さもなければ日本の文脈における「協働型評価」を定礎することもできない．

以下では，日本の文脈でいうところの「協働型評価」から出発し，これをどのように発展させていくべきかということについて考えてみたい．まずは日本の文脈における「協働型評価」を説明する枠組みの構築から着手することにしよう．

日本の文脈における「協働型評価」の説明のための整理軸は2つある．第1の整理軸は，「業績測定」と「プログラム評価」という評価の深掘りの度合いである．第2の整理軸は，「協働のための評価」と「評価のための協働」という協働概念の位置づけに関係するものである．後者については「協働」を「目的」と見るのか，それとも「手段」と見るのかという違いがある．これらを掛け合わせて4つの象限を描き出したものが図8-1である．

この図8-1を用いて整理すると，これまで曖昧に「協働型評価」と呼んできたものを，「A：プログラム評価のための協働」「B：業績測定のための協働」「C：協働のための業績測定」「D：協働のためのプログラム評価」という4つの理念型に整理することができる．この図8-1では，ロッシらやオサリバンといった先行研究における定義とも矛盾なく「協働型評価」を捉えることができる．まずはこの4つの理念型についてその内容を素描していこう．

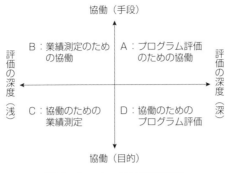

図8-1　4つの協働型評価

出典：筆者作成.

（2）タイプA：プログラム評価のための協働

「A：プログラム評価のための協働」には，ロッシらやオサリバンのいうところの「協働型評価」が該当する．評価専門家たる評価者の行う「プログラム評価」は，必ずしも利害関係者の意向を十分に踏まえないものであったり，利害関係者に十分なフィードバックをはたしえないものであったりする．これらのことが，「プログラム評価」の課題とされ，「協働型評価」に注目が集まる理由にもなってきた．

確かに，「プログラム評価」のうちロッシらのいう「独立的な評価」では，専門的科学的合理性は担保することができたとしても，社会的妥当性を確保するという面では限界がある．こうした欠陥を補うために，幅広い社会的合意を形成しようとすることが，「プログラム評価」の完成度を高めるための課題として浮上することとなる．

ただしここで重要なことは，「A：プログラム評価のための協働」においては，「協働」それ自体が目的となるのではなく，「評価目的」のために「プログラム評価」が行われることとなるという点である．このような意味での「協働型評価」の理解は，日本の文脈においては狭すぎる．

（3）タイプB：業績測定のための協働

「B：業績測定のための協働」は，「業績測定」を改善するために「協働」を手段として活用しようとするものである．自治体評価の多くは「業績測定」を

基礎として行われているが，その完成度を高めるために，審議会・委員会・第
三者検討会・利害関係者会合などのパネルを設けて意見聴取を行うということ
が広く取り組まれている．

　なお，「業績測定のための協働」の必要性を理解するためには，行政組織の
内部評価として行われる「業績測定」の課題と限界についてよく理解しておく
必要がある．行政活動等にかかる内部評価としての「業績測定」は，一般的に
単年度予算の枠内での活動および既存の部局の枠内での行政活動を前提とする．
このため，「予算の壁」や「所管の壁」といった制約が生じ，このことよって
行政活動全体の市民生活への影響＝アウトカムのごく一部しか説明できないと
いうことになる［南島 2018：190-191］．これを「アウトカムの断片化」と呼ぶ．

　「業績測定のための協働」にはこうした「アウトカムの断片化」を克服する
という意義を見出すことができる．実際に外部評価のパネル等で一般的に行わ
れていることは，プログラムセオリーの見直しや指標の改善に関する指摘など
である．

（4）タイプＣ：協働のための業績測定

　「Ｃ：協働のための業績測定」には，第7章の北上市の事例がまさに該当す
るだろう．北上市の事例では「協働」を推進するために評価が活用されており，
その評価は簡素な様式に書き込む形で行われていた．北上市の事例では，一次
的な評価を担当部局が行い，二次的な評価についてパネルが活用され，最終的
な第三者評価においてこれらの評価のレビューが行われることとされていた．

　なお，北上市では，図8-2のような考え方が整理されている．図8-2では，
「事業成果達成率」と「協働成果達成率」が分けて整理されている．「事業成果
達成率」（ヨコ軸）は行政目的の達成度を見定めようとするものであって，「行
政評価システム」において検証されるものとされている．他方，「協働成果達
成率」（タテ軸）は「協働により別の波及効果があり，その効果が大きかった場
合などは成功したと捉える場合もあります」とされており，その検証は「行政
評価システム」とは別の「協働事業実績シート[3)]」で行うこととされている［北
上市 2011：27］．

　北上市のように全庁的に「協働」を推進しようとする際には，「Ｃ：協働の

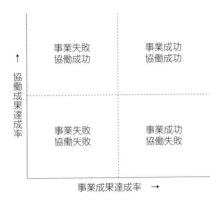

事業失敗 協働成功	事業成功 協働成功
事業失敗 協働失敗	事業成功 協働失敗

↑協働成果達成率

事業成果達成率　→

図8‐2　北上市の協働事業評価の枠組み
出典：北上市 [2011].

ための業績測定」という方法論が最適であるのだろう．

（5）タイプD：協働のためのプログラム評価

「D：協働のためのプログラム評価」は，「協働」を推進するための手段として「プログラム評価」を活用しようとするものである．このタイプの評価の第一目的は「協働」におかれることになり，市民活動の持続性や自律性を重視し，これを拡張しようとするものとなる．なお，「協働のためのプログラム評価」は，「エンパワーメント評価」や「実用重視型評価」と一部重なるものとなる．

　表8‐2でも表現されているが，「協働型評価」と「エンパワーメント評価」や「実用重視型評価」との違いは，参加者の主導性やユーザを基軸としたフィードバックに求められる．したがって，ロッシらやオサリバンの定義にあるように，「協働型評価」を「プログラム評価のための協働」に特化して限定的に整理することができる場合には，「協働型評価」は「エンパワーメント評価」や「実用重視型評価」と区別可能である．だが，本章で議論しているように，「協働型評価」を広い意味に理解しようとするとき，「エンパワーメント評価」や「実用重視型評価」は広義の「協働型評価」に含まれる形で整理される［源 2003：70-86；Fetterman and Wandersman eds. 2005；大島・源・山野ほか編 2019］．

　なお，「プログラム評価」を前提とするため，「D：協働のためのプログラム評価」はあらゆる行政活動に対して悉皆型で展開することはできない．なぜな

らば「プログラム評価」は手間暇やコストの負担が大きな評価方式であるから
である．ここではとくに，ヒューマンサービス領域などの個別の取り組みにつ
いてアドホックに取り組まれる場合に「D：協働のためのプログラム評価」の
活用の余地があることを示唆するにとどめよう．

（6）協働型評価の枠組みに関する補足

図8-1で示した4つのタイプの「協働型評価」にはいくつかの補足が必要
である．ここではさしあたり以下の3点を掲げておきたい．

第1に，日本の文脈における「協働型評価」を理解するためには，「プログ
ラム評価」に限定せず，「業績測定」にまで拡張して捉えていくことが必要で
ある．専門用語としての「協働型評価」は，「プログラム評価」に限定してこ
れを捉えようとしていた．そのため，日本の文脈でいうところの「協働型評
価」にうまく当てはまらないという問題が生じていた．本章の4つのタイプの
「協働型評価」にまでその外延を拡張するとき，この問題は解消できるだろう．

第2に，4つのタイプの「協働型評価」はそれぞれに理念型を示すものでは
あるが，どこからどこまでの取り組みがどのタイプに該当するかということを
説明できる枠組みではないという点には注意が必要である．いずれのタイプに
該当するかという整理枠組みを提示するためには，評価の深度の尺度と協働の
尺度がよりいっそう明確でなければならない．他方，本章の枠組みの目的は日
本において「協働型評価」と呼ばれるものについて，少なくとも4つのタイプ
があることを指摘し，そのことによって「協働型評価」の交錯した議論を解き
ほぐそうとする点にある．具体的な取り組みがどのタイプであるのかを判定し，
その取り組みをより深めていくためにはどうしなければならないか，といった
議論についてはまた別のフレームワークが必要である．

第3に，これらの4つのタイプの「協働型評価」の整理枠組みは，いずれの
タイプの評価が優れており，いずれのタイプの評価が劣っているという優劣を
判定しようとするものでも，どのタイプの評価からどのタイプの評価へと発
展・移行すべきであるということを論じようとするものでもない．このような
議論を行うためには，その目的が同一でなければならない．だが，本章では，
これらの4つのタイプの「協働型評価」がそれぞれに異なる目的を有している

ことを明らかにしている．

　もう一度繰り返せば，「A：プログラム評価のための協働」は「プログラム評価」の完成度を高めることを，「B：業績測定のための協働」は「業績測定」の完成度を高めることを，「C：協働のための業績測定」は全体的な「協働」を促進することを，「D：協働のためのプログラム評価」は個別の「協働」を推進していくことを，それぞれ志向している．

　このように目的が異なる取り組みについては，同一の尺度を用いて序列をつけることはできない．それは，物理の成績が良い生徒と音楽の才能が豊かな生徒と語学が堪能な生徒のこれまでの努力について，「いったい誰が一番優秀なのか」を論じるようなものである．

　日本の文脈を踏まえて「協働型評価」を議論する場合には，「A：プログラム評価のための協働」のみを念頭に置くだけでは不足である．やはり，「B：業績測定のための協働」「C：協働のための業績測定」「D：協働のためのプログラム評価」までを含め，広い意味をもつものとして「協働型評価」の概念を捉えていかなければならない．

4．協働型評価はどうあるべきか

（1）自治体評価のレベル

　自治体評価に関して，これまで本書で取り上げてきたのは「政治の評価」「総合計画の評価」「事務事業評価」「協働政策の評価」「協働事業の評価」「指定管理者の評価」の6つであった．これらは「協働型評価」の主たる対象でもある．これらについて，自治体の政策体系との対応関係において再整理したものが図8-3である．

　「協働型評価」の対象についてはもちろんこれ以外にも想定することができる．ただし，「主な協働型評価の対象はどのようなものか」と問われるならば，やはり上記の6つの政策領域が浮かび上がる．

　「指定管理者」「事務事業」「協働事業」は個別事業の評価のレベルで取り扱われるものである．個別事業の評価は，通常，予算査定と連動する．一般に個別の事業に対しては，所与の目的をどの程度達成できたのか，目的達成に向か

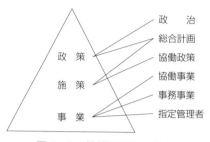

図8-3　協働型評価の対象
出典：筆者作成.

うなかでどのような成果や実績が上がっているのかなどが問われる．その際に用いられる評価手法が「業績測定」である．「プログラム評価」の活用の余地もないわけではないが，個別の事業を取り上げ，深掘りを行うことになるため，その頻度は高いものとはならない．

　個別の事業の上位に位置する「総合計画」や「協働政策」では，複数の事務事業や中期的な期間にわたる事務事業を束ねた評価を行うこととなる．これは「施策のレベル」に該当する．「総合計画」では，10年間の総括や，前期後期の５年間での総括の際に，「何ができたのか」や「何ができなかったのか」がとりまとめられる．また，「協働政策」のようにテーマを設定することで，このテーマの下での特定のミッションや事務事業のまとまりが作り出す複合的な機能を議論することができるようになる．一般的にこの「施策レベル」において「アウトカム」は表現されるが，しばしば個別の事業の指標がそのまま流用されることも少なくない．有意義な定量的指標をもとうとするのであれば，ロジックモデルなどによってプログラムの全体像を表現しつつ，「何が重要な指標となるのか」という議論をもつことが必要となる．

　さらに上位にある「政治」や「総合計画」では，「結果責任」にさらに接近することとなる．これは「政策のレベル」の議論である．ただし，「結果責任」にかかる評価は容易ではない．しばしば「政治は結果責任である」といわれる．この「政治」に注目するとき，まず筆頭にあがるのが選挙の際の候補者が掲げる「公約等」である．「公約等」は，「政治家が何をしようとしているのか」を表明するものである．このことは政策論争による選挙を具現化するための大前

提となる．さらには，政治家の任期が終わる際には成果・実績を検証・評価することで，「何ができたのか」「何ができなかったのか」といった「結果責任」を明確にすべきであるとされる．もちろん，そのために評価が求められることもしばしばである．

しかしながら，民主的な社会においては，こうした政治の評価は容易なことではない．それは社会には多元重層的な意見の分布があるからであり，一概に何が正しいと言うことはできないからである．

その上でできることは，たとえば「公約が守られたか」を評価するということになる．「公約等」の評価のためには，そもそも「公約等」が明確でなければならない．しかし，「公約等」はつねに明確であるとは限らない．かりに「公約等」が明確であったとしても，それだけを墨守することだけが政治の役割ということにもならない．定型的計画的な業務をどの程度遂行することができたかということは行政責任である．これに対して例外状況に対応することこそが政治に求められる本分となる．

さらには，科学的に正しいことが政治的に正しいことであるわけでもないという難しさもある．科学的評価だけで政治の評価を代替するということはできないのである．何より，社会が不安定になれば，政治家はどんなに正しい努力を積み重ねていたとしても，不当な非難に甘んじなければならない．逆にどんなに無為無策であったとしても，幸運に恵まれる政治状況というのもあり得る．

これらのことにくわえ，政治の評価では党派性の問題も付随する．政権への批判は，それがどんなに正しいものであるとしても，しばしば党派的政治的なものではないかという疑念と隣り合わせにあるものである．

このように，「政策」「施策」「事務事業」レベルの識別をおくとき，事務事業レベルが最も手がけやすく，ついで「施策」，「政策」の順に，扱わなければならない情報量は膨大化していき，評価の難易度も上がっていく．他方，政治が市民とのインターフェイスであるという点からいえば，政策 → 施策 → 事務事業の順に市民の関心は薄らいでいく傾向もある．

（2）「協働」という媒介項

個別の事務事業のレベルに「協働」の尺度をあてがう場合，これまでの議論

からいえば，「① 協働ができたか」という観点と，「② 協働のパートナーの意向を反映することができたか」という２つの問いがある．

　個別の事務事業への「① 協働ができたか」という問いは，結果的として，「協働の広がり」，すなわち「協働の量」に関心を寄せる．このような論点に向き合おうとするとき，用意すべき評価は「B：業績測定のための協働」や「C：協働のための業績測定」である．

　他方，個別事業への「② 協働のパートナーの意向を反映することができたか」という問いは，「協働の質」を問題にしようとする．このような局面では，「A：プログラム評価のための協働」や「D：協働のためのプログラム評価」のようなアプローチが必要である．すなわち，「協働」を実質化していくために「何をしなければならないのか」ということを，より深掘りしながら明確化していく必要が出てくるということである．

　ただし，「協働」はそれ自体が目的価値をもつのかというと，必ずしもそうではない．重要なことは地域における政府政策の安定性や完成度であり，究極的にはその地域の特性に応じたバランスが重要である．そのためにはどういう観点が必要となるのか．本章の最後の論点として，この議論に向き合おう．

（3）「協働型評価」はどうあるべきか

　運動・規範概念としての「協働」概念は，どうしても限定・厳密なものとはならない．要するに複数の意味内容を包摂し，幅広い連帯を獲得しようとする運動概念となりがちである．このことにより，「協働」概念について明確な定義が下せないということがしばしば起こる．たとえば，「協働のまちづくり」というとき，従来の「市民参加」や「市民参画」と呼んできたものまでが包摂される．その意味内容は拡散するのである．

　あらためて「協働」とは何か．政策をプロセスとして表現し，「① 政策立案」「② 政策決定」「③ 政策実施」「④ 政策評価」へと分解するとき，「協働」はそれらすべてのプロセスに関係する．ここではこの議論をしておこう（図8-4）．

　「協働型評価」は，いうまでもなくこれらのうちの「⑤ 政策評価」を念頭におく．これに対して上述の運動・規範概念としての「協働」は，これら「①

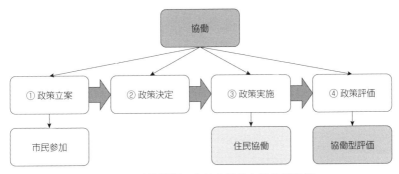

図 8-4　政策過程における協働と協働型評価

出典：筆者作成.

「政策立案」「② 政策決定」「③ 政策実施」「④ 政策評価」のすべてのプロセス
に規範的に作用しようとする.

　なお, 従来からの日本の地方自治論では, 「① 政策立案」「② 政策決定」へ
の「協働」については, 「市民参加」という言葉で説明をしてきた. これを新
たな言葉に置き換えたとしても, その本質はほとんど変化しない.

　そうすると残るのは「③ 政策実施」への「協働」である. 確かに, 「③ 政策
実施」への「協働」については従来から用いられてきた用語法は見当たらな
かった. すなわち「協働」を論じる意義も価値もあった.

　じつは, 本章で整理した「A：プログラム評価のための協働」「B：業績測定
のための協働」「C：協働のための業績測定」「D：協働のためのプログラム評
価」のうち, 「C：協働のための業績測定」「D：協働のためのプログラム評価」
は, この「③ 政策実施」への「協働」をフォーカスし, これを加速しようと
するものであった.

　そうすると残るのは「A：プログラム評価のための協働」「B：業績測定のた
めの協働」である. これらはいずれも「④ 政策評価」に関係している. なお,
これらのうちの「C：業績測定のための協働」についてはこれまでに「外部評
価」「第三者評価」という名称で扱われてきたものであった.

　こうして考えると, 残るのは「A：プログラム評価のための協働」となる.
これは従来の用語法にはない概念である. すなわち「A：プログラム評価のた
めの協働」は「協働型評価」という新たな概念として価値があるということに

なる．これと完全に一致するのが本章の冒頭に紹介したロッシらやオサリバンらの概念である．この概念が限定的であるのは故なきことではなかったのである．

　あらためて，政策を「① 課題設定」「② 政策立案」「③ 政策決定」「④ 政策実施」「⑤ 政策評価」というプロセス要素に分解するとき，「どこを重視するのか」は大事なポイントとなる．そのなかでもとくに「④ 政策実施」「⑤ 政策評価」は本章の議論の中核を占めている．そのいずれを重視するのかによって，「協働型評価」の意味内容は大きく分かれる．

注
1)　源がこのような整理をしている理由は，日本語の「参加型評価」という言葉が，「協働型評価」よりも人口に膾炙するという戦略的判断をしているからではないか．
2)　三鷹市では1999年10月に「市民プラン21」という市民団体が発足した．この団体は基本構想・第三次基本計画策定に向けて，市民の側からの提言を作成しようとするものであった．この活動は行政と市民との協働であるとして注目され，その後の自治基本条例等の自治体改革の動きにも先鞭をつけるものとなった［河野 2003：32-33］．
3)　北上市［2011：17-18］には全2頁の「協働事業実績シート」が掲載されている．このうちの「協働の評価」の特徴的な記載項目は，「お互いの特性を踏まえ，役割分担を明確にできたか」「協働の過程は順調だったか（協議段階や実施段階）」「協働の成果はあったか」「協働から見えてきたこと」などである．

参考文献
〈邦文献〉
大島巌・源由理子・山野則子・贄川信幸・新藤健太・平岡公一編『実践家参画型エンパワメント評価の理論と方法』日本評論社．
北上市［2011］『協働手順書 ver. 2.0』．
河野康之［2003］「『みたか市民プラン21会議』――協働型市民参加の試み――」『法律文化』，2月号．
南島和久［2018］「評価」，石橋章市朗・佐野亘・土山希美枝・南島和久『公共政策学』ミネルヴァ書房．
―――――［2020］『政策評価の行政学――制度運用の理論と分析――』晃洋書房．
源由理子［2003］「エンパワメント評価の特徴と適用の可能性――Fetterman による『エンパワメント評価』の理論を中心に――」『日本評価研究』3(2)．
源由理子編［2016］『参加型評価――改革と変革のための評価の実践――』晃洋書房．

〈欧文献〉

Fetterman, D. M. and Wandersman, A. eds. [2005] *Empowerment Evaluation Principles in Practice,* New York: Guilford Press（笹尾敏明監訳『エンパワーメント評価の原則と実践——教育，福祉，医療，企業，コミュニティ介入プログラムの改善と活性化に向けて——』風間書房，2014年）.

O'Sullivan, R. G. [2012] "Collaborative Evaluation within a framework of stakeholder-oriented evaluation approaches," *Evaluation and Program Planning,* 35.

Rossi, P. H., Freeman, H. E. and Lipsey, M. W. [2004] *Evaluation : A Systematic Approach,* 7th ed., Thousand Oaks, CA.: Sage.

（南島　和久）

あ と が き

　本書出版のきっかけは，政策21の活動20年の経験を記録に残し，自らの反省と今後の活動の方針の検討，今後の地方自治体や地方自治体と協働する団体における評価ならびに事業の企画・実施に役立てていただければ，という思いであった．その思いに呼応していただいた晃洋書房の丸井清泰氏には，深く感謝申し上げたい．

　振り返ってみると，政策21を設立した当時は，地方自治体では分権改革・行政改革から政策評価導入への潮流の真っ只中にあった．岩手県においても，行政改革大綱の見直し，行財政システム改革指針の発表，岩手県中期財政見通しの公表，行政システム大綱の策定，行政経営品質向上運動および外部診断の導入，事務事業評価ならびに公共事業評価の導入，情報公開条例の制定，政策評価システムの試行およびパブリックコメントの導入が続いていた．同時に，県内の市町村においても，行財政改革や評価制度導入に向けた動きが活発化し，政策21には設立前後から講演や支援の相談・要請が寄せられた．

　とりわけ，活動開始から6年間は，当時の岩手県知事の地域経営に対する住民参加の強い志向もあって，活発な事業を展開してきた．地域活性化事業調整費外部評価等業務や県民参加型外部評価システム構築業務は，知事の意向を受けて検討された事業であったし，地方振興局の地域活性化事業調整費等評価事業も，知事の評価に対する積極姿勢を受けて担当部署が検討・発案した事業であった．また，雫石町の政策評価導入支援関連業務も，当時の町長の評価に対する積極的な姿勢を受けてはじまったもので，いずれも首長の意向が強く反映した取り組みであった．

　活動中期以降の業務は，多くが行政職員の問題意識からスタートしていた．たとえば，盛岡市の指定管理者第三者評価は，担当職員の発案で検討がはじまり，実施に至っている．その後，中断を経て9年続けられたことは，担当部署だけでなく，市役所全体で一定のコンセンサスが得られていたことを示しており，第三者評価に対する行政の深い理解のもとで，相互の信頼にもとづく建設

的な議論が展開された事例である．また，同時期から，行政職員の実務上の課題認識からマネジメントサイクルの循環を強く意識したプランニングの支援の要請も加わり，政策21は活動の幅を広げてきた．

　近年の事業で注目されたのは，第7章で取り上げた北上市から受託した市民参画と協働の検証関連業務である．北上市では，現市長がNPO代表だったころから市民と行政の協働に取り組んできており，自らが推進してきた協働事業を，政策21と市役所，協働事業のパートナーの参画による協働型評価で実施した．いわば協働事業を協働型評価で評価することにより，協働事業の効果の検証と見直しを，協働事業のパートナーも納得する形で進めようとした．

　政策21が拠点を置く岩手県では，2011年の東日本大震災の被災以降，復興事業が進められてきた．しかし，沿岸地域からの住民の転出は続き，被災地の復興が思うように成果を上げていないことも事実である．全国的な人口減少も相まって，地方創生が叫ばれながらも，資源が限られる地方にとって，協働は地域経営の重要なキーワードである．「協働」を単なる理念にとどめず，実践する上での課題や課題解決の方法まで共有し，より協働の効果を高めようとする北上市の事例は，今後の日本の地域経営において，大きな示唆を含む一例といえる．

　政策21はこの20年間，時代や地域の政治・行政からの要望に応える形で活動を展開してきた．今後も，社会の需要に適応しながらも，評価研究・実践の専門集団として，地域に密着した政策議論をリードする役割をはたしていける存在であり続けたいと願っている．そのとき大事にしたいことは，評価をいかに実践で役立て，関係者との対話のツールとして生かすことができるか，である．今後も仲間とともに評価の研究と実践に取り組んでいきたい．

岩　渕　公　二

索　引

《執筆者紹介》（執筆順，＊は編著者）

＊岩 渕 公 二（いわぶち　こうじ）［はじめに，第２・３・６章，あとがき］
　　同志社大学大学院総合政策科学研究科博士後期課程修了，博士（政策科学，同志社大学）
　　特定非営利活動法人 政策21前理事長
　主要業績
　　『外部評価の機能とその展開――行政監視と政策推進――』（第一法規，2007年）
　　「自治体外部評価の有効性と制度設計――政策とアカウンタビリティ――」（同志社大学大学院総合
　　　　政策科学研究科総合政策科学専攻博士課程（後期課程）博士学位論文，2010年）
　　「政策の評価と NPO ――地域経営を視座に――」（『日本評価研究』11(1)，2011年）

＊山 谷 清 志（やまや　きよし）［第１章］
　　中央大学大学院法学研究科博士後期課程単位取得退学，博士（政治学，中央大学）
　　現在，同志社大学政策部教授，特定非営利活動法人 政策21理事長
　主要業績
　　『政策評価の理論とその展開』（晃洋書房，1997年）
　　『政策評価の実践とその課題』（萌書房，2006年）
　　『政策評価』（Basic 公共政策学第９巻）（ミネルヴァ書房，2012年）

　鎌 田 徳 幸（かまた　のりゆき）［第４・７章］
　　岩手県立大学大学院総合政策研究科博士前期課程修了
　　現在，岩手県県北広域振興局二戸地域振興センター所長
　主要業績
　　「岩手県の政策評価と外部評価委員会」（『日本評価研究』2(2)，2002年）
　　「ローカルマニュフェストが地方自治体及び評価制度に与える影響」（『日本評価研究』4(1)，2004
　　　　年）
　　「日本におけるマニュフェスト・サイクルの確立に向けて」（『総合政策』（岩手県立大学），6(2)，
　　　　2005年）

　熊 谷 智 義（くまがい　ともよし）［第４・６・７章］
　　岩手大学大学院人文社会科学研究科修士課程修了，博士（農学，岩手大学）
　　現在，特定非営利活動法人 政策21副理事長・合同会社地域計画代表
　主要業績
　　『市町村総合計画の策定過程への住民参加に関する研究』（岩手大学大学院連合農学研究科，2005年）
　　『高齢者による環境活動と地域形成――岩手県内老人クラブ活動の事例研究――』（岩手大学大学院
　　　　人文社会科学研究科，2008年）
　　『アクティビティ実践と QOL の向上（新・福祉文化シリーズ第２巻）』（日本福祉文化学会編集委員
　　　　会編，明石書店，2010年）

　加 藤　　勝（かとう　まさる）［第５章］
　　岩手県立大学大学院総合政策研究科博士前期課程修了
　　現在，株式会社官民連携事業研究所官民連携アクセラレータ
　主要業績
　　「マネジメントツールとしての行政評価のあり方について――盛岡市の事例から――」（『評価クオー
　　　　タリー』７，2008年）
　　「外部評価が問う内部評価のあり方――岩手県民協働型評価推進事業を通して――」（『評価クオータ
　　　　リー』14，2010年）
　　「東日本大震災における災害廃棄物広域処理政策のプログラム・セオリー評価」（『日本評価研究』12
　　　　(3)，2013年）

佐 藤 俊 治（さとう　しゅんじ）[第5章]
　　放送大学大学院文化科学研究科文化科学専攻政策経営プログラム修了
　　現在，盛岡市商工労働部経済企画課
主要業績
　　「中核市における地域福祉行政――盛岡市の事例から――」（菅野道生編『シリーズ　今日から福祉
　　職　押さえておきたい　地域福祉・社会福祉協議会』，ぎょうせい，2022年）
　　「若者の社会動態の分析と関係人口を機軸とした移住・定住施策の推進について」（新田義修代表
　　『地域協働研究　研究成果報告集8』，岩手県立大学，2020年）
　　「地方自治体における会計情報と評価に関する研究――新地方公会計を活用した世代間の公平性に関
　　する実証的研究を中心に――」（『日本評価研究』12(3)，2013年）

葛 巻　　徹（くずまき　とおる）[コラム1]
　　福島大学経済学部卒業
　　現在，特定非営利活動法人いわて連携復興センター代表理事，一般社団法人みちのく復興・地域デザイ
　　ンセンター代表理事，公益財団法人地域創造基金さなぶり副理事長，特定非営利活動法人　政策21理事

渡 邊 智 裕（わたなべ　ともひろ）[第6章]
　　岩手県立大学大学院総合政策研究科博士前期課程修了
　　現在，特定非営利活動法人　政策21正会員
主要業績
　　「第一線職員の業務遂行と評価」（『総合政策』（岩手県立大学），14(1)，2012年）

太 田 陽 之（おおた　はるゆき）[コラム2]
　　岩手大学工学部卒業
　　現在，特定非営利活動法人　政策21事務局長

荒木関 方人（あらきせき　まさひと）[コラム3]
　　岩手県立大学大学院総合政策研究科博士前期課程修了
　　現在，盛岡市市民部都南総合支所長補佐，特定非営利活動法人　政策21監事

南 島 和 久（なじま　かずひさ）[第8章]
　　法政大学大学院社会科学研究科政治学専攻博士後期課程修了，博士（政治学，法政大学）
　　現在，龍谷大学政策学部教授
主要業績
　　『公共政策学』（共著，ミネルヴァ書房，2018年）
　　『政策評価の行政学――制度運用の理論と分析――』（晃洋書房，2020年）
　　『JAXAの研究開発と評価――研究開発のアカウンタビリティ――』（編著，晃洋書房，2020年）など

ガバナンスと評価12

協働型評価と NPO
—— 「政策21」の軌跡 ——

2022年 9 月30日　初版第 1 刷発行　　＊定価はカバーに
　　　　　　　　　　　　　　　　　　表示してあります

編著者	山	谷	清	志 ⓒ
	岩	渕	公	二
発行者	萩	原	淳	平
印刷者	江	戸	孝	典

発行所　株式会社　晃 洋 書 房

〒615-0026　京都市右京区西院北矢掛町 7 番地
電話　075(312)0788番(代)
振替口座　01040-6-32280

装丁　クリエイティブ・コンセプト　　印刷・製本　共同印刷工業㈱

ISBN978-4-7710-3644-4

山谷 清志 監修／源 由理子・大島 巌 編著
プログラム評価ハンドブック
──社会課題に向けた評価方法の基礎・応用──
A 5 判 260頁
定価2,860円（税込）

張替 正敏・山谷 清志／南島 和久 編
JAXA の研究開発と評価
──研究開発のアカウンタビリティ──
A 5 判 96頁
定価1,320円（税込）

南島 和久 著
政 策 評 価 の 行 政 学
──制度運用の理論と分析──
A 5 判 226頁
定価3,080円（税込）

西山 慶司 著
公共サービスの外部化と「独立行政法人」制度
A 5 判 228頁
定価3,520円（税込）

山谷 清秀 著
公共部門のガバナンスとオンブズマン
──行政とマネジメント──
A 5 判 256頁
定価3,080円（税込）

鏡 圭佑 著
行 政 改 革 と 行 政 責 任
A 5 判 198頁
定価3,080円（税込）

湯浅 孝康 著
政 策 と 行 政 の 管 理
──評価と責任──
A 5 判 194頁
定価2,970円（税込）

池田 葉月 著
自治体評価における実用重視評価の可能性
──評価結果の報告方法と評価への参加に着目して──
A 5 判 234頁
定価3,080円（税込）

李 玲珠 著
韓国認知症政策のセオリー評価
A 5 判 204頁
定価3,850円（税込）

北川 雄也 著
障 害 者 福 祉 の 政 策 学
──評価とマネジメント──
A 5 判 232頁
定価3,080円（税込）

橋本 圭多 著
公共部門における評価と統制
A 5 判 202頁
定価2,860円（税込）

内藤 和美・山谷 清志 編著
男 女 共 同 参 画 政 策
──行政評価と施設評価──
A 5 判 258頁
定価3,080円（税込）

晃 洋 書 房